CORRUPÇÃO

Coleção Filosofia Frente & Verso
Projeto e coordenação:
Alexandre de Oliveira Torres Carrasco

Títulos publicados:
AMOR, por José Luiz Furtado / CORRUPÇÃO, por José Antônio Martins
DEUS, por Juvenal Savian Filho
MORTE, por José de Anchieta Corrêa

José Antônio Martins

CORRUPÇÃO

EDITORA GLOBO

Copyright © 2008 by José Antônio Martins

Todos os direitos reservados. Nenhuma parte desta edição pode ser utilizada ou reproduzida – em qualquer meio ou forma, seja mecânico ou eletrônico, fotocópia, gravação etc. – nem apropriada ou estocada em sistema de bancos de dados, sem a expressa autorização da editora.

Preparação: Otacílio Nunes
Revisão: Valquíria Della Pozza e Célia Regina Arruda
Capa: Andrea Vilela de Almeida
Imagem de capa: Hans Neleman/Getty Images

1ª edição, 2008

Dados Internacionais de Catalogação na Publicação (CIP)
(Câmara Brasileira do Livro, SP, Brasil)

Martins, José Antônio
  Corrupção / José Antônio Martins . – São Paulo : Globo, 2008 – (Filosofia frente & verso / coordenador Alexandre de Oliveira Torres Carrasco)

  Bibliografia
  ISBN 978-85-250-4581-2

  1. Brasil - Política e governo 2. Corrupção administrativa - Brasil 3. Corrupção na política - Brasil I. Carrasco, Alexandre de Oliveira Torres. II. Título. III. Série.

08-08400   CDD-320.9810

Índice para catálogo sistemático:
1. Corrupção política : Brasil 320.9810

Direitos de edição em língua portuguesa
adquiridos por Editora Globo S. A.
Av. Jaguaré, 1485 – 05346-902 – São Paulo, SP
www.globolivros.com.br

SUMÁRIO

1. E por falar em corrupção... .... *11*
2. Corrupção moral ou política *17*
3. Corrupção: isso não é novidade! *25*
4. O lugar da corrupção *37*
5. A corrupção das instituições e das leis *47*
6. O conflito político como remédio *65*
7. A corrupção e as cidades feudais *83*
8. Convulsão e revolução política *93*
9. O Brasil é corrupto? *105*
   Ensaiando leituras *117*
   Bibliografia *127*

*Para Ovídio e Maria de Lourdes,
meus pais, sinônimo de honestidade.*

Para Nany, caminho de retidão.

Rouba, mas faz.

Lema não-oficial atribuído
à campanha de Adhemar de Barros
à Prefeitura de São Paulo em 1957

*E pressuporei uma cidade corrompidíssima,
na qual acrescentarei tal dificuldade, porque
não se encontram nem leis nem ordenamentos
que bastam para frear uma corrupção generalizada.*

MAQUIAVEL

1

E POR FALAR EM CORRUPÇÃO...

Abra algum jornal nesta semana e procure nas notícias locais, regionais ou nacionais se não foi veiculado nenhum caso de *corrupção*. Mas, antes que sua alegria acabe por não ter encontrado nada sobre o tema, faça uma busca um pouco mais ampla e verifique se nos últimos meses não houve algum relato sobre o assunto. É lamentável saber, contudo, que com uma freqüência assustadora ocorrem casos de corrupção no Brasil, muitos deles se transformando em escândalos nacionais, chegando ao limite de abalar mandatos, derrubando presidentes, governadores, prefeitos e as centenas de vereadores e deputados que são afastados por isso.

Por causa dessa profusão de casos de corrupção, dificilmente alguém desconhece o que ela é. Ao contrário, todos sabem o que é corrupção e o corrupto é um certo tipo de ladrão. Na verdade, de modo simplificado, corrupto e ladrão são palavras equivalentes.

Contudo, se olharmos mais de perto, será que de fato sabemos o que é a corrupção? Seria ela o simples roubo? Temos também o caso do corrupto moral, quando dizemos que "fulano está com a sua moral corrompida"? Novamente, o termo corrupção serve como sinônimo para tudo aquilo que está desviado, errado, que não é correto nem adequado aos costumes de um povo.

Enfim, por esse rápido sobrevôo parece que essa simples palavra comporta tantas significações que podem confundir qualquer um, a não ser que pensássemos na corrupção como sinônimo de tudo o que é mau, o que não é de todo correto. Pior ainda, por parecer significar várias coisas, a palavra corrupção acaba perdendo um sentido preciso, uma idéia correta do que de fato ela é. É justamente por essas confusões que se torna necessária uma análise mais aprofundada, tanto do termo quanto das suas significações.

A palavra corrupção deriva do termo latino *corruptio/onis*, donde vem sua acepção primeira. Para o homem latino dos séculos I e II, o termo *corruptionis* tinha sua significação a partir da conjunção de outros termos: *cum* e *rumpo* (do verbo romper), significando romper totalmente, quebrar o todo, quebrar completamente. Então, *cum rumpo* ou *corruptionis* queria dizer a ruptura das estruturas, quando se destroem os fundamentos de algo, destruir algo. Todavia, essa ruptura não era um fato fulminante que ocorria de repente. Durante séculos, a noção de corrupção sempre esteve associada à idéia de processo natural ou etapas em que o corpo vivo se desgastaria chegando à morte. Desgaste ou degeneração que atingiria as estruturas mais básicas de um corpo, começando pelas partes para depois chegar ao todo, levando à morte deste.

Apesar da acepção latina do termo, essa noção de corrupção tem suas origens nos filósofos gregos antigos. Filósofos como Parmênides, Heráclito, Platão, Aristóteles e outros, no intuito de apresentar explicações racionais para os eventos, perceberam que havia uma regularidade e constância em todos os seres vivos. Como mostra Aristóteles no seu *A geração e a corrupção* e em outros livros, todos os seres vivos nascem, crescem, desenvolvem o seu corpo, atingem um ápice e depois começam um processo de decadência e degeneração corporal que culmina com a morte. Essa é inexoravelmente a regra da vida em todos os seres vivos. O que se altera é o ritmo ou a velocidade desse processo conforme cada espécie, sendo para uns mais rápido, para outros mais lento.

Nesse ciclo vital que está presente em todos os seres vivos, o que pode mudar de um indivíduo para o outro é a interferência de algo que acelere o desenvolvimento ou a degeneração do corpo. Assim, uma doença pode acelerar o processo de corrupção, ocasionando a morte antes do que seria o natural para aquela espécie. A corrupção teve sua primeira designação num contexto biológico ou naturalista, e foi associada a um dos momentos do ciclo da vida, no instante em que o corpo começa a perder seu vigor, sua força, sua vitalidade e ruma para a morte.

Essa imagem biológica da corrupção se transporta para o mundo político e social, quando os filósofos passam a entender que as cidades, os entes políticos são também corpos naturais. Desse modo, uma cidade, um regime político, um governante ou uma instituição nasce, cresce, desenvolve-se, inicia um processo de degeneração e decadência e, por fim, morre ou desaparece. Nesse contexto político, a corrupção manifesta os seus primeiros sinais no momento em que os entes políticos começam a perder sua força e vigor iniciais e mostram sintomas de fragilidade, de degeneração, de desvios dos primeiros princípios.

Portanto, a imagem romana de uma ruptura fundamental, que é a corrupção, está ligada a essa herança conceitual da filosofia grega, que a entendia como um processo natural e inexorável dos corpos. Quando essa dinâmica era acelerada, isso indicava que havia alguma coisa de errado, alguma doença atingira esse corpo político. Donde a associação quase que automática entre corrupção e doença, como um mal que deve ser extirpado.

Veja que falamos de corrupção num sentido totalmente biológico, sem nenhuma relação com a moral humana, com os costumes dos homens. Ora, por essa rápida exposição, nota-se que a corrupção teve, no caso dos homens; uma acepção totalmente naturalista, sem nenhuma conotação moral. A questão estaria em saber quando, onde e como essa noção biológica de corrupção se transfere para o campo da moral e passa a ser vista como um critério para qualificar a vida em sociedade.

2

CORRUPÇÃO MORAL
OU POLÍTICA

Há uma interpretação bastante difundida para a decadência do Império Romano, que a atribui a algumas práticas presentes naquela sociedade: orgias, bacanais, abortos em massa, pederastia, homossexualismo, bigamia, adultério, promiscuidade de todos os tipos, assassinatos das mais variadas formas – fratricídios (irmão que mata irmão), parricídios (filhos que matam os pais), infanticídios (assassinato de crianças) etc. Um verdadeiro circo dos horrores é descrito nos governos de Nero e Calígula. Enfim, uma sociedade dominada por esses comportamentos, com um povo em tal grau de *corrupção moral*, era quase natural que acabasse. Essa foi e ainda é para muitos a grande causa do fim do Império Romano.

Todavia, muitos estudos, antigos e recentes, comprovaram que essa explicação não é verdadeira, mas mitológica ou ideológica. Fossem os romanos bem-comportados ou devassos, não foi essa a razão da decadência do Império. Mas, se a corrupção moral não foi a verdadeira causa, quem inventou essa explicação, com que motivos e com que justificativa? Por que atribuíram à imoralidade pública a decadência do Império Romano?

Antes de tentar responder a isso, cumpre notar também que esse quadro de horror descrito deve ser mais bem analisado, ao menos no que tange à população em geral. Que nas cortes imperiais houvesse práticas tidas hoje como imorais, comprova-o uma farta documentação. Entretanto, generalizar isso para as populações, descrevendo o mundo romano antigo como um lugar de todos esses absurdos, é exagerado e equivocado.

No centro dessa discussão está a imagem que os cristãos projetaram sobre a sociedade romana pagã. Muitas dessas descrições tiveram origem nos escritos dos *Padres da Igreja*, que, a partir de sua concepção cristã de mundo, interpretavam esses comportamentos contrários aos seus, ou diferentes dos seus, como sinal de pecado, de decadência humana, de corrupção (de ruptura essencial) da condição humana. É, pois, sob esse olhar cristão que se julga como corrompido um mundo que não se comporta conforme esses preceitos.

O primeiro propagandista dessa visão e talvez o maior defensor dessa interpretação foi Agostinho de

Hipona, ou santo Agostinho, que, na sua obra *Cidade de Deus*, defendeu a idéia de que a queda do Império foi motivada pela corrupção moral dos romanos. Essa interpretação permaneceu durante boa parte do período medieval, principalmente porque colocava a moralidade religiosa acima da política.

Para explicar isso é necessário ter claro que a relação entre os preceitos morais e as regras e os comportamentos políticos ou públicos nunca foi equivalente no mundo antigo. Na Grécia antiga, a moralidade privada e pública era concebida em decorrência das normas políticas, porque se entendia que o homem dependia da coletividade, do grupo social, da *pólis* (cidade). Havia, pois, uma subordinação da esfera moral à esfera política, ou seja, era o mundo político, com seus critérios próprios e específicos, que importava primeiramente no momento de definir os rumos da cidade.

Essa relação de dependência entre moral e política, presente tanto na Grécia quanto em Roma, se inverte na era cristã. Com a queda do Império Romano no século IV e a fragmentação desse vasto território em pequenos reinos, em sua maioria cristãos, a idéia predominante passou a ser a da subordinação dos critérios políticos à moralidade cristã. As qualidades morais de um governante foram identificadas aos ideais de vida de um cristão, aos ideais de santidade. Quanto mais santo um governante, maior a possibilidade de seu reino alcançar a felicidade. Mais ainda, quanto mais santa for uma cidade, ou seja, quanto mais santo o conjunto dos indivíduos, maior será sua possibilidade de alcançar a perfeita harmonia social.

Por tal concepção, a corrupção moral de um indivíduo, seus vícios particulares, é de grande importância para o todo social, sobretudo se esse indivíduo for um governante ou um ocupante de cargo público. Foi com base em tais preceitos que se julgou a queda do Império Romano, bem como dos impérios Persa, Babilônico, Egípcio, como resultado da falta de retidão moral de seus membros, principalmente de seus governantes, uma corrupção eminentemente moral.

Nunca é demais lembrar o caráter ideológico dessa interpretação, pois por ela se tem também a desqualificação de outras concepções de mundo que rivalizam com a visão cristã. À medida que mostra quanto as sociedades não-cristãs teriam fracassado historicamente, essa interpretação da história faz a defesa de uma concepção cristã calcada no mito e não na verdade histórica, ou seja, faz ideologia.

Fica evidente, pois, que o surgimento de uma visão moralista da corrupção está diretamente ligado à inversão das relações entre os campos da ética e da política.

Quando, por uma exigência teórica de caráter religioso e ideológico, se invertem os critérios de qualificação do mundo político, a qualidade moral e ética de um indivíduo passa a ser o valor principal para avaliar a corrupção de um lugar. Nessa visada moralista, a corrupção, mesmo que de um agente público, é analisada e julgada em relação à individualidade. Portanto, no limite, não há corrupção política, o que há é uma corrupção de indivíduos que são políticos. E a solução para isso é simples: tenta-se investir na moralidade individual e valorizá-la, pois pessoas moralmente corretas não permitirão o advento de casos de desvio de conduta.

Ora, há outra vertente de explicação que procura desfazer essa relação entre moral e política e entender a política a partir de seus critérios próprios. Se a interpretação religiosa e moralista da corrupção fez escola, outro modo de compreender esse fenômeno também tem o seu lugar. O responsável por essa mudança de visão é um tanto difícil de identificar. Porém, a transformação dessa concepção está ligada diretamente ao Renascimento italiano e com bastante probabilidade à figura de Nicolau Maquiavel.

Quando recentemente os historiadores voltaram suas investigações para o que ocorreu na Europa a partir do século XII, descobriram um mundo diferente daquele que normalmente era representado como Período Medieval.

Particularmente no norte da Itália dessa época, mostrou-se que não havia o predomínio de castelos, feudos e de todas aquelas estruturas sociais e políticas com a quais se caracteriza em geral a Idade Média. No norte da Itália, a partir dos séculos XI e XII, constituem-se várias cidades com plena autonomia política, econômica e cultural em relação aos dois grandes centros de poder: o Sacro Império Romano-Germânico e a Igreja de Roma. As cidades que nascem nesses territórios desfrutam durante muito tempo autonomia e ordenam-se em repúblicas livres e independentes. Assim, Pisa, Milão, Siena, Veneza, Florença, Lucca, entre outras, gozam de total liberdade para determinar os próprios rumos, pois são *repúblicas*.

Foi nesses territórios que nasceu aquilo que ficou conhecido como Renascimento italiano, que fez desses lugares nos séculos XV e XVI o centro da cultura européia. Nessas repúblicas italianas começou a se formar uma nova concepção de política, não mais ligada aos valores medievais, mas sob outros parâmetros. Entre os vários autores italianos desse período que procuram estabelecer uma nova forma de conceber a política destaca-se Nicolau Maquiavel. Foi esse cidadão de Florença que, na passagem do século XV para o XVI, formulou uma teoria política que poderá ser encontrada na base de muitas concepções dos pensadores dos séculos seguintes e até de nossos dias. Teorias essas que se basearam em suas experiências como secretário da Chancelaria florentina, função que o obrigava a visitar países, negociar com reis, príncipes, comandantes militares e papas, conhecendo o mundo político por meio daqueles que tomavam as decisões.

Entre as várias idéias maquiavelianas (e não maquiavélicas, o que é outra coisa) destaca-se a busca pela separação entre as coisas próprias da política e o campo da ética ou moralidade individual. Para Maquiavel, o mundo político possui regras próprias e deve ser avaliado segundo essas regras, e não sob critérios da moral particular. O que resulta numa concepção de corrupção política diferente da noção de corrupção moral. Ora, essa separação das esferas política e moral, feita principalmente pelo secretário florentino, marcará as concepções políticas modernas e contemporâneas. Muitos entendem que essa distinção maquiaveliana entre a esfera política e a moral é um dos marcos do pensamento político que se seguiu até os nossos dias.

Caracterizam-se, pois, duas maneiras de interpretar a corrupção: de um lado, por meio de uma leitura moralista, vendo nela a decadência das virtudes do indivíduo, o que gera conseqüências nefastas para a sociedade. De outro, entendendo a corrupção como algo resultante das regras próprias do mundo político, sem maiores correlações com a moralidade do indivíduo. Por essa segunda interpretação, as razões para a corrupção política de uma cidade estarão ligadas à fraqueza de suas leis e de suas instituições políticas, à falta de preocupação e ação do cidadão em relação às coisas públicas. Ora, esse modo de conceber a política tem se mostrado muito mais adequado para a explicação dos fenômenos de corrupção do que a visão moralista, pois consegue identificar melhor suas causas. Nesse sentido, deixaremos de lado as análises de caráter moralizante da corrupção, para considerá-la do ponto de vista eminentemente político.

3

CORRUPÇÃO: ISSO NÃO É NOVIDADE!

Apesar de nós, brasileiros, nos considerarmos os campeões mundiais em corrupção, não fomos nós que a inventamos. A corrupção existe na vida política desde que esta surgiu, ou seja, muito antes de Cabral ter chegado a estas terras já havia corrupção nos governos. Do ponto de vista da teoria política, a corrupção já era um tema tratado pelos escritos dos primeiros filósofos gregos. Mas, antes desses, já temos relatos de corrupção política nos primórdios da civilização. As tentativas de compreendê-la e buscar as suas causas também vêm de longa data. Na verdade, a reflexão sobre a corrupção política está presente em todos os autores que trataram da mudança das formas de governo.

Além de explicarem como se ordena o mundo político, os filósofos também mantiveram a preocupação de tentar explanar como se constituem os regimes políticos, o que os caracteriza, quais as suas peculiaridades, enfim, seus aspectos mais essenciais. Juntamente com esse esforço, tentou-se justificar como ocorrem as mudanças de uma forma de governo para outra. Ora, em regra, a mudança de regime político se dá quando o grau de degeneração e corrupção alcança índices inadmissíveis, levando à deposição daquele regime e à constituição de um novo, que reordene a cidade e instaure o bom convívio social. Logo, a reflexão sobre as transformações dos regimes políticos está associada à análise sobre a corrupção política, pois esta é uma de suas causas principais.

Talvez seja Platão o primeiro filósofo a produzir uma explicação de como ocorre a corrupção política e como se tenta resolvê-la. Tanto na *República* como nas *Leis* o filósofo grego entendia que havia seis formas de governo: monarquia, aristocracia, democracia, tirania, oligarquia e anarquia. Essas seis formas ou regimes de governo podem ser classificadas a partir de dois critérios, o da qualidade e o da quantidade, resultando no seguinte quadro:

	Um só governante	Alguns governantes	Muitos governantes
Bons	Monarquia	Aristocracia	Democracia
Ruins	Tirania	Oligarquia	Anarquia

Quando uma cidade é comandada por um só governante e esse regime é justo e visa ao bem de todos – o bem comum –, esse tipo de regime é classificado de monarquia. Quando é governada por um só, mas o regime não é correto e não visa ao bem comum, mas ao interesse privado, ele é classificado como tirania. Assim sucessivamente para cada regime: sua classificação depende da quantidade de membros que governam e do que as suas ações visam: se ao bem comum ou ao interesse individual.

Para Platão os regimes se transformam segundo uma ordem linear. Primeiramente uma cidade se ordena como uma monarquia. Quando essa forma de governo se desvia de seu fim e o monarca age com a atenção voltada ao seu interesse, ou seja, quando há uma corrupção das ações do governante, a monarquia se transforma em tirania.

Contudo, esse regime rapidamente se torna insuportável e a população passa a não mais admiti-lo, destituindo o tirano. Nesse momento, busca-se um regime político não mais calcado num único governante, mas nas pessoas mais respeitadas da cidade, evitando com isso que o poder fique nas mãos de um só. Esse novo governo, composto de uma elite política e que visa ao bem de toda a cidade, denomina-se aristocracia.

Entretanto, também a aristocracia não está imune à corrupção, aos desvios. Quando esse grupo reduzido de dirigentes políticos passa a mirar no interesse próprio e não mais no bem comum, esse regime deixa de ser uma aristocracia e se transforma em oligarquia. A oligarquia, com suas ações injustas, também se torna um regime insuportável e odioso, fazendo com que a cidade lute para depor esses poucos governantes que não agem em prol do bem comum. Quando os oligarcas são retirados do poder, procura-se instalar um regime não mais fundado no governo de um só nem no de alguns poucos, mas um que tenha a participação de muitos. Esse novo regime de governo no qual a maioria dos cidadãos tem acesso aos processos decisórios se define como democracia, e o exercício do poder se faz por meio de assembléias ou deliberações coletivas.

Mas também a democracia pode se corromper e não mais ter em vista o interesse maior de todos, configurando-se numa anarquia, em que cada um se preocupa com seu próprio interesse. Essa mudança de regime leva a cidade a um caos político, pois não há mais nenhum tipo de ordem social, restando como última alternativa a instalação de um regime de força, comandado por um só, que recupere os bons costumes e dirija a cidade para o bem comum. Esse novo regime político que retira a cidade do caos da anarquia será uma monarquia.

Como se vê, para Platão, há um ciclo político regrado de mudanças nas formas de governo em uma cidade. Nascendo com a monarquia, as formas de governo se alternam sucessivamente até a cidade voltar a ser governada por um monarca. Esse ciclo incessante de transformações políticas é movido pela corrupção que se instala em todos os regimes, em todos os governos. Na verdade, a corrupção é o grande motor das mudanças políticas, pois é em razão dela que os regimes se degeneram, obrigando os cidadãos a depor um governo e instaurar um novo.

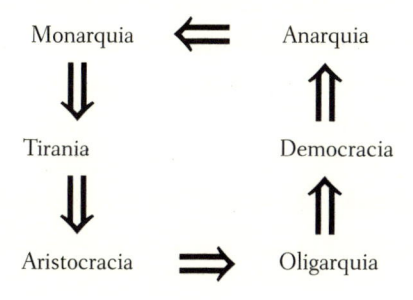

```
Monarquia    ⇐    Anarquia
   ⇓                 ⇑
Tirania           Democracia
   ⇓                 ⇑
Aristocracia ⇒    Oligarquia
```

Essa explicação sobre as mudanças de governo foi aceita por outros autores, como o historiador romano Políbio, por entenderem que essa ordem de mudanças era uma regra da natureza, na qual o homem pouco podia intervir. Esses pensadores defendiam a idéia de que a mudança das formas de governo obedecia necessariamente a essa lógica circular, ou seja, as transformações dos regimes deveriam sempre operar na ordem estabelecida pela natureza (*physis*).

Como se viu, para Platão e seus seguidores, o motor ou a razão para a mudança dos regimes estava na corrupção dos dirigentes, que mais cedo ou mais tarde se manifestaria. A causa dessa circularidade política estava calcada nos desvios ou na corrupção da conduta dos governantes, que tinham o seu fim quando estes eram depostos e um novo regime se instalava.

Entretanto, outra explicação também foi formulada, de modo mais elaborado, por Aristóteles. Assim como Platão, ele admite a mesma classificação dos regimes políticos: monarquia, tirania, aristocracia, oligarquia, democracia (ou Política) e anarquia. Quanto a esta última forma de governo, Aristóteles apenas a formulava em termos teóricos, pois acreditava ser impossível que ela um dia viesse a existir de fato.

Mas essas são as únicas semelhanças entre Aristóteles e Platão. Na sua obra *A Política*, Aristóteles mostra que o modo como os regimes se constituem e se ordenam é muito mais complexo do que a simples classificação pela quantidade dos governantes e pela valoração de suas ações. Um regime nunca é somente uma monarquia ou uma aristocracia, pois o poder político é sempre composto de vários membros, nunca está restrito. Além disso, não é tão fácil qualificar uma ação política como boa ou má, o que impede a determinação exata do tipo de regime político que se tem. Enfim, para

Aristóteles o mundo da política é muito mais complexo e intrincado, exigindo que se faça uma análise apurada dos seus vários componentes para chegar a alguma posição mais definitiva sobre o regime, o governante, o papel do cidadão etc.

Mas o ponto de maior divergência entre as formulações políticas dos dois filósofos diz respeito à mudança dos regimes. Ao contrário de seu mestre, Aristóteles não admitia a teoria da circularidade dos regimes como única e necessária. Para ele a mudança poderia operar em várias direções, por exemplo: da monarquia poderia passar diretamente à democracia e depois desta à oligarquia. Isso porque o que leva à transformação de um regime não é essa regra da natureza, essa imposição de fora, mas a dinâmica própria do mundo político. Por exemplo, como o poder nunca está nas mãos só dos aristocratas, a deposição da aristocracia pelo povo, quando liderada por um só homem, pode levar à instauração de uma monarquia. O que determina a mudança de regime são as partes envolvidas e como elas se comportam diante do desafio de transformar as estruturas políticas.

Contudo, o que todos esses autores buscavam era uma solução para essas mudanças sem fim de regimes. Eles se perguntavam se seria possível conceber um regime político que fosse imune ou resistente às mudanças.

A solução apresentada por Aristóteles e aceita por Políbio e pela maioria dos filósofos políticos foi o regime misto. Eles propuseram que se pegasse o que havia de melhor em cada um dos regimes bons, formando um regime mais resistente à corrupção, logo, mais duradouro. Esse teria um rei ou um chefe executivo (uma característica da monarquia), ao mesmo tempo uma assembléia diminuta de homens destacados, que ficariam incumbidos de fazer as leis e julgar os crimes (uma característica da aristocracia), e, quando necessário e em momentos importantes, todos os cidadãos seriam convocados para deliberar (uma característica da democracia). Em um regime ordenado desse modo haveria o governo de um só, o governo de alguns e o governo de muitos reunidos sob uma única forma de governo. Daí o nome misto, porque misturava parcelas de cada uma das partes do governo.

Esse regime teria ainda o benefício de que cada uma das partes fiscalizaria e controlaria as outras, impedindo com isso que a corrupção, ainda que nascesse, se desenvolvesse e se espalhasse por toda a cidade. Isso levaria, certamente, a uma maior durabilidade dos governos e evitaria os desgastes e enfraquecimentos em que toda mudança política resulta. Portanto, o regime misto se tornou a primeira solução eminentemente política para a corrupção política. Longe de tentar mudar a conduta moral ou ética dos governantes, os defensores do regime misto viram nele um mecanismo eficaz de controle e garantia da boa normalidade política.

Esse tipo de modelo político se transformou no mundo romano antigo na noção de república (*respublica*). A república dos romanos, apesar de ser a primeira a ser nomeada desse modo, teve sua inspiração no governo da cidade grega de Esparta, que foi de fato a primeira experiência histórica dessa forma de governo. Na Roma antiga, a presença de um Senado forte, mas também de cônsules, e a ampla participação da plebe nas decisões políticas fizeram dessa república, que durou aproximadamente quatro séculos, um modelo de regime a ser seguido.

Quando, a partir dos séculos XII e XIII, as cidades do norte da Itália obtêm autonomia política, o regime adotado é o de uma república, inspirando-se na Roma antiga. Os pensadores políticos italianos do período renascentista, como Leonardo Bruni, Francesco Guicciardini e Nicolau Maquiavel entre outros, defenderam o modelo político republicano como a melhor forma de garantir a durabilidade política.

Essas concepções atravessaram séculos e territórios, a ponto de na revolução inglesa do século XVII, no processo de independência dos Estados Unidos da América do Norte e na Revolução Francesa do século XVIII esse modelo político ter sido defendido por muitos teóricos. Isso sem contar que quase todos os países da América Latina, quando conquistaram sua independência, ao longo do século XIX, com exceção do Brasil, instituíram de imediato o regime republicano como forma de ordenar o Estado. Mesmo o Brasil, que resistiu à instalação da república imediatamente após sua independência de Portugal, não durou muito com o governo imperial e, no fim do século, também se ordenou politicamente como uma república.

Ao longo destes séculos, a noção de governo misto, que está na base das teorias políticas republicanas, foi sendo aperfeiçoada, mas no essencial ela mantém as principais características da formulação inicial de Aristóteles. Nesse sentido, todos os filósofos políticos que teorizaram sobre os regimes políticos e suas mudanças trataram de alguma forma da corrupção política, alguns de modo muito superficial, outros de modo mais detalhado. Tal diversidade torna impossível analisar aqui cada uma dessas teorizações sobre a corrupção política. Por isso adotamos um recorte que atende melhor às nossas expectativas: buscaremos analisar como ocorre a corrupção nas repúblicas ou nos regimes mistos verificando como ela nasce, como ela se desenvolve, como ela pode ser sanada e, quando isso for impossível, o que vem na seqüência. Ao se falar de corrupção política, diz-se em geral que ela ocorre em Estados, sem maiores distinções. Porém, é em razão dessa associação entre a noção de regime misto de Aristóteles e a de Políbio, que se converte em república nos pensadores romanos e que passa a ser doravante um modo de ordenar politicamente as sociedades, que buscamos analisar a corrupção nas repúblicas mais especificamente. Isso não significa que não ocorra corrupção nas monarquias ou nos regimes aristocráticos ou teocráticos (aqueles regidos por modelos políticos de caráter religioso). Nesses também há corrupção, mas sua análise exige outras considerações. Nas repúblicas, o fenômeno da corrupção é algo inerente à própria reflexão sobre esse regime político, sendo um ponto de passagem necessário para todos aqueles que buscam compreender melhor o que são elas. Ademais, como vivemos num país republicano, é muito mais adequada uma análise nesse sentido.

Como já mostramos no capítulo anterior e pelo que foi apresentado neste capítulo, não nos interessará tratar da corrupção moral dos governantes: primeiro, porque ela não é a causa maior de corrupção do Estado; segundo, porque a corrupção, quando nasce, tem caráter político, e não moral, e o combate a ela se faz com instrumentos políticos, com medidas políticas.

Muito do que se abordará aqui estará baseado nas filosofias políticas de Aristóteles e Nicolau Maquiavel. No primeiro porque, como foi visto, ele formulou alguns dos aspectos mais básicos da teoria política, o que obriga qualquer estudo que se queira sério a dar alguma atenção a esses conceitos. Quanto a Maquiavel, importa dizer que ele é um dos teóricos políticos mais importantes do mundo moderno e contemporâneo e que produziu uma formulação toda peculiar sobre a corrupção política. Em linhas gerais, para ele a corrupção política é um fenômeno que necessariamente ocorrerá, e os mecanismos de controle ou aniquilamento desse mal estão na luta política entre os grupos que compõem uma cidade. Certamente, a teoria de Maquiavel sobre a corrupção é um dos capítulos mais luminosos da filosofia política.

4

O LUGAR DA CORRUPÇÃO

Há uma noção clássica na filosofia que diz que todas as coisas têm matéria e forma. O homem, por exemplo, tem o corpo como matéria e a sua alma como forma; uma mesa de madeira tem a madeira como matéria e o seu formato de mesa como forma. Num Estado também há matéria e forma, sendo, em geral, a matéria constituída pelo povo, o conjunto dos cidadãos, e a forma, pelo regime político ali instalado.

Mas tanto a matéria quanto a forma, em se tratando do Estado, possuem partes, não são um todo único. Os cidadãos podem ser divididos ou classificados segundo vários critérios: poder econômico, idade, sexo etc. Donde, quando se fala da matéria do Estado, é necessário antes saber a qual das partes se está referindo ou se se está tratando de todos os cidadãos sem exceção.

Assim como a matéria possui várias partes ou grupos, a forma do Estado não é uma coisa só. Caso digamos que a forma de um Estado está no fato de ele ser uma república, esse governo é composto de outros órgãos. Em todo Estado, seja ele ordenado como for, há pelo menos alguns órgãos que o compõem, como: um Poder Judiciário, algum tipo de assembléia ou câmara consultiva, Exército, escolas etc. Esses órgãos que formam o Estado também são chamados de instituições. Em outras palavras, o conjunto das instituições compõe a forma do Estado.

Portanto, quando falamos que há corrupção num Estado, convém analisar se é no Estado como um todo, no conjunto das suas instituições e em toda a sua população, ou se essa corrupção está restrita a alguma das partes, seja da forma, seja da matéria. Como regra, a corrupção nunca atinge todo o corpo político e todas as instituições de uma só vez, sempre há alguma parte que resiste e ainda não foi contaminada, pois é impossível que um Estado corrompido em todas as suas partes ainda consiga sobreviver. A corrupção, quando toma proporções grandiosas e atinge todo o corpo político, impede que esse corpo, essa cidade, esse Estado consiga sobreviver unido. É com base nessa idéia que alguns autores comparam a corrupção a uma doença, que pode começar em uma parte do corpo e se espalhar pelo restante levando o paciente à morte, no caso, à morte do Estado.

Começaremos nossa análise pela corrupção da matéria, já que quem pratica a corrupção são seres humanos. A corrupção do Poder Judiciário, por exemplo, é realizada por homens de carne e osso que ocupam cargos no Judiciário, e não por uma entidade abstrata que ninguém sabe quem é, que não tem rosto nem identidade. O Judiciário, ente coletivo, não é o autor da corrupção de modo imediato, mas sim os seus membros, que são os cidadãos investidos da função pública.

Cargo público ou função pública é o nome técnico para a atividade de todos aqueles cidadãos que estão exercendo algum trabalho no Estado, sejam eles funcionários de carreira, membros eleitos ou nomeados. Assim, um militar, um médico, um juiz ou um professor que trabalhe em algum órgão do Estado é funcionário público, ou seja, está investido de uma função pública. O mesmo se aplica ao pessoal escolhido quando se muda um governo, sem a necessidade de concurso público ou algum tipo de seleção. Quando se troca o governo, necessariamente o candidato eleito escolhe os seus assessores, como ministros, secretários, chefe-de-gabinete, diretores de órgãos públicos etc. Enquanto estiverem trabalhando no governo eles também serão funcionários públicos. Assim como os políticos eleitos, que durante seu mandato são designados agentes públicos. Todas essas pessoas que exercem cargos públicos, seja porque foram contratadas para isso, seja porque foram escolhidas pelos demais cidadãos ou por aqueles que obtiveram por meio de eleições o direito de compor um governo, são os agentes responsáveis pelas ações do Estado.

Então, quando falamos de corrupção política, temos de ter em mente que são essas pessoas que praticam as ações corruptas, são os homens públicos, funcionários e políticos eleitos que realizam os atos de corrupção. É importante frisar isso para que não se cometa um erro muito comum, que é atribuir a um coletivo abstrato as responsabilidades por ações de indivíduos. Quando falamos que "a polícia é corrupta", cumpre saber se são todos os policiais, sem exceção, ou se é um grupo de membros dessa instituição que está praticando atos de corrupção. Caso não se faça essa distinção, ocorrem dois juízos de valor: a) se a polícia toda é corrupta, acabe-se com a polícia; b) se a polícia toda é corrupta, não podemos culpar somente um ou dois membros, para não sermos injustos. Haveria ainda outras possibilidades de raciocínio, mas o fato é que formulações desse teor levam normalmente à impunidade, à não-identificação dos culpados, por não se saber quais foram os responsáveis pelas ações corruptas. Por isso, atribuir aos entes coletivos – polícia, Judiciário, Senado, Câmara de Vereadores – a responsabilidade pela corrupção, sem fazer a devida apuração, é o caminho mais curto para a impunidade, pois nunca se saberá quem são de fato os indivíduos responsáveis pelos atos.

As ações corruptas dos detentores de função pública podem ser entendidas de três modos. Alguns deles deliberadamente esperam chegar a um cargo público para poder ganhar vantagens com isso. Outros nem têm conhecimento do poder que os cargos públicos comportam e, quando chegam ao poder, se *locupletam*. Esse termo é muito utilizado para designar o que de fato acontece com muitos que chegam ao poder: ficam verdadeiramente enlouquecidos por ele e o utilizam para seu próprio enriquecimento. Há ainda o caso daqueles que nem sequer se dão conta do poder, tampouco percebem que estão praticando atos de corrupção. Fazem certas ações com a melhor das intenções, acreditando que estão ajudando os outros e cumprindo o seu dever de modo honesto, que estão fazendo o bem para uma comunidade, quando na verdade estão também praticando atos de corrupção.

Nesses três exemplos, daqueles que querem o poder político para corromper, daqueles que enlouquecem com o poder político e se corrompem e daqueles que nem sabem ou não acham que estão fazendo atos de corrupção, são seres humanos, detentores de cidadania e de legalidade, que praticam a corrupção. Mesmo que seja um único indivíduo, sempre é um cidadão que pratica a corrupção. Portanto, quando falamos de casos de corrupção, necessariamente falamos de pessoas, de indivíduos que cometem esses atos.

Maquiavel e muitos outros filósofos entendiam que os homens são maus ou que tendem ao mal se nada for feito contra isso. O filósofo inglês Thomas Hobbes dizia que o homem é o lobo do homem, ou seja, se os homens forem largados soltos são capazes de tudo. Há várias explicações que tentam justificar essa tendência do homem a fazer o mal. Na doutrina cristã, o fato de o homem nascer com o pecado original é um sinal permanente dessa tendência à ação nociva. Seja como for, confiar na humanidade sempre se revelou um exercício muito arriscado, haja vista a quantidade de barbaridades que foram cometidas e se cometem nos quatro cantos do mundo.

Tendo em vista essa tendência ao mal, muitos filósofos pensaram em mecanismos para evitar que esses homens, quando chegassem a ocupar um cargo público, não o fizessem em proveito próprio. Isso se torna mais importante quando vemos que confiar nos princípios éticos e morais não é suficiente para impedir uma pessoa de praticar um ato de corrupção, pois basta apenas que um indivíduo não veja nenhum impedimento à realização da corrupção para que ela se efetive. Como já dissemos, os problemas maiores dos princípios morais e éticos aplicados à corrupção política são, de um lado, o seu ofuscamento das verdadeiras causas da corrupção e, de outro, a sua impotência para impedir totalmente a ação corrupta. É por isso que mecanismos de controle foram e são criados a todo momento para impedir que os homens públicos pratiquem a corrupção.

Uma primeira solução, defendida por vários autores, é a conscientização do que é uma função pública, do que é um cargo público, a que isso se destina. Em outras palavras, seria a conscientização do que é o espírito público com o qual todos os membros do Estado devem estar comprometidos. Isso nada mais é do que fazê-los saber que suas ações devem visar sempre e primeiramente ao benefício da coletividade. Ao tomar uma decisão, o homem público deve saber se sua ação está atendendo ao bem comum. Embora isso pareça na teoria um tanto quanto óbvio, na prática é mais complicado. Vejamos um exemplo.

Uma pessoa pobre procura um vereador na sua cidadezinha para que este lhe compre um remédio do qual ela precisa. O vereador compra o remédio com o seu salário de vereador e o dá a essa pessoa exigindo tão-somente que ela vote nele nas próximas eleições. Esse eleitor agradecido não apenas vota no vereador como também pede para muitas outras pessoas votarem nesse homem público "bom" que o ajudou num momento de grande necessidade.

À primeira vista, essa história, muito corriqueira em nosso país, é um retrato de alguém que se compadeceu de um concidadão e buscou ajudá-lo com a melhor das intenções. A pessoa que recebeu o auxílio exerceu a sua gratidão trabalhando para que outras pessoas votassem nesse "bom" político. O que a princípio parece ser correto revela-se uma prática corrupta de usar o cargo público para obter vantagens próprias. Ao agir desse modo, o vereador usou da sua condição particular para "comprar" o apoio político dos seus concidadãos, quando, na verdade, ele deveria lutar, por exemplo, para que houvesse um órgão público que oferecesse medicamentos às pessoas mais necessitadas. Mesmo admitindo que houve boas intenções, seja do político em ajudar, seja do cidadão necessitado em sua gratidão, o resultado é que o cargo público foi usado de modo indevido para que particulares obtivessem vantagens.

Muitos outros exemplos poderiam ser dados de casos nos quais, apesar das boas intenções, a ação de homens públicos resulta em benefício privado, gerando os famigerados privilégios. Em geral, o que se apresenta como uma exceção à regra por um motivo de necessidade maior, quando convertido em prática, resulta em abusos e privilégios de algumas pessoas que recebem do Estado um benefício que as outras não recebem.

Por isso a adoção do princípio de que o que é público deve atender a todos indistintamente. Quando se tem em vista o todo da sociedade e se buscam soluções que atendam a todos, essas ações são as mais adequadas e em geral evitam a corrupção. As medidas universalizantes, assim nomeadas porque atendem a todo o universo dos cidadãos, são remédios eficazes para evitar a corrupção. Do contrário, quando o homem público decide caso a caso, cada ação sua alcança apenas aquele indivíduo particular e não o todo social, ensejando inúmeras possibilidades de corrupção.

Do ponto de vista dos indivíduos que compõem a máquina pública, do conjunto de funcionários públicos e políticos eleitos, a medida mais eficaz seria essa conscientização do que é próprio da função pública, daquilo que é próprio da *república*. Esse termo, república, inventado pelos romanos, é fruto da conjunção de duas palavras latinas: *res* (coisa) e *publica* (pública), ou seja, algo que diz respeito a todas as pessoas que vivem na cidade, em latim, *civitas*. Quando dizemos que algo é republicano, significa que aquela ação visa ao todo social, a todos os cidadãos indistintamente. Incutir esse espírito republicano nos homens que trabalham para o Estado evitaria muitas ações de corrupção que são praticadas por ignorância de que elas são um mal para o todo social. Tal educação cívica, uma formação para aquilo que é próprio da *civitas*, da cidade, do todo político, evitaria a corrupção por ignorância.

Mas, mesmo que muitos se conscientizassem daquilo que é público e com isso evitassem praticar atos de corrupção, ainda haveria aqueles que, movidos por ambições particulares, buscariam no Estado um meio para conseguir vantagens pessoais. Ainda que algumas pessoas sejam boas, sempre há indivíduos que são maus e que devem ser impedidos de praticar suas maldades. Contra isso, a simples conscientização não é suficiente, são necessários outros mecanismos mais fortes e eficazes: as instituições e as leis.

5

A CORRUPÇÃO DAS INSTITUIÇÕES E DAS LEIS

No primeiro mandato do presidente Lula ocorreu um grande escândalo de corrupção envolvendo membros do governo, empresas de publicidade, bancos e instituições financeiras. Esse grande caso ficou conhecido como "escândalo do mensalão", pois a acusação principal era que o governo utilizava recursos para comprar os votos dos congressistas, uma espécie de "mesada", à medida que ocorriam as votações de interesse do governo. Bem, depois de aproximadamente um ano de investigação, o procurador-geral da República enviou ao Supremo Tribunal Federal, a mais alta corte de Justiça do Brasil, uma denúncia contendo quarenta nomes para ser indiciados e julgados pelos mais diversos tipos de crime.

Até o momento em que estamos escrevendo este texto, esse processo não foi totalmente julgado pelo Supremo Tribunal Federal, e o julgamento durará anos, não se podendo ao certo saber qual o desfecho para o caso. Além do fato de ser um dos maiores escândalos de corrupção da história política do país, por envolver grandes figuras do governo federal, o "mensalão" originou uma anedota relativa ao número de indiciados e às constantes explicações do presidente Lula de que nunca soube desses desvios cometidos por seus subordinados mais imediatos, como foi o caso das acusações que recaíram sobre alguns ministros muito próximos a ele. A piada estava pronta: havia os "quarenta ladrões", faltando somente saber quem era o Ali Babá, numa remissão direta à história das *Mil e uma noites*.

Essa história do "mensalão" e dos "quarenta ladrões" é sugestiva para que se pergunte o que fazer quando todo um grupo de pessoas resolve se corromper, quando toda a matéria, conforme a distinção filosófica clássica de matéria e forma, está corrompida. Qual é a solução? Em outras palavras, quando temos uma comunidade de "quarenta ladrões", o que fazer para evitar a corrupção?

Antes de responder a isso convém entender melhor o que é a forma numa cidade ou o que é a forma em termos políticos. Se o povo é a matéria de uma cidade, seu substrato material, a forma será o conjunto das instituições que ordenam esse povo. O modo como o povo está *conformado*, ordenado em termos políticos, isso é a forma da cidade. Numa primeira acepção, a forma é o regime político de um Estado. Quando este está ordenado como uma monarquia, a forma é dita monárquica. Por isso, todas as instituições que existirem dentro desse Estado terão o modo monárquico de governo como o grande critério de ordenação.

Ora, falando em termos ideais, é muito diferente a ordenação institucional do Poder Judiciário numa monarquia e numa república. Em geral, nas monarquias a instância jurídica máxima é o próprio rei, é a ele que cabe a última palavra nas demandas judiciais. O que não ocorre numa república, pois o presidente não é a instância máxima do Poder Judiciário, ao contrário, está ele também submetido à Constituição, como os demais cidadãos do país. Portanto, o regime político estabelece a forma política de um Estado e passa a ser o critério de ordenação das instituições.

Assim como o corpo político não é uma coisa única, mas algo composto de várias partes, do mesmo modo a forma, ou o regime político, de um Estado é composta de várias partes. Então, todas as instituições políticas, todos os órgãos de governo são partes do Estado e existem para que ele cumpra a sua finalidade maior: promover o bem-estar da população. Logo, a polícia, os hospitais públicos, as escolas públicas, as universidades, os cemitérios públicos, os fóruns de Justiça, as Assembléias ou Câmaras dos Deputados, o Senado são todos instituições que existem para promover o bem-estar do povo.

O nosso problema é saber se é possível que a corrupção se instale num órgão e quando isso pode ser constatado. Em outras palavras, quando é possível dizer que são apenas algumas pessoas daquele órgão que são corruptas e quando a corrupção se instalou numa instituição a ponto de ela própria ser considerada corrompida.

Como vimos, quando um membro de um órgão público pratica um ato de corrupção, ele pode ser motivado pelo desconhecimento de que aquele ato é um desvio de sua função. Contudo, mesmo nesse caso ou quando o funcionário faz algo deliberadamente corrupto, o que se deve fazer é apurar as irregularidades e punir o agente público responsável por isso. Até aqui temos algo muito comum nos órgãos públicos, pois infelizmente sempre há alguém que comete uma irregularidade. Quando a apuração é imediata e a reparação também, isso faz parte da normalidade do funcionamento do Estado, já que é impossível imaginar um lugar onde ninguém nunca infrinja uma lei ou uma norma de conduta.

A questão muda de figura quando um funcionário comete uma irregularidade que não é apurada e ele não é punido. Mais ainda, quando essa prática se torna constante e disseminada por grande parte dos membros desse órgão ou dessa instituição e passa a ser uma norma de conduta. Caso fosse possível fazer uma gradação de escalas de corrupção, quando poderíamos dizer que uma instituição se tornou corrupta?

A resposta não pode se basear numa regra quantitativa, do tipo: quando atingir um número x ou um porcentual x de funcionários corruptos, então a instituição estará corrompida. Quando um membro comete um ato de corrupção, os demais ficam sabendo e nada é feito, ao contrário, isso é aceito como algo natural ou inevitável, neste momento esse órgão passa a ser totalmente permissível à corrupção. A não-punição dos erros já é um sinal de que algo de errado está ocorrendo.

Portanto, não é a quantidade de membros corruptos que confere um critério para classificar uma instituição como corrupta. A atitude que esse órgão mantiver diante de um caso de corrupção será um primeiro sinal claro de como estará a preocupação com aquilo que pertence a todos, com aquilo que é *público*. Com tal hábito de permissividade ou tolerância dos atos de corrupção, os demais membros do órgão não encontrarão freios para também realizar seus desvios de conduta. E, quando o fizerem, não haverá nada que os impeça, pois os mecanismos de controle e punição não mais serão utilizados.

Os órgãos públicos existem para cumprir uma certa função que o Estado julgou necessária para o bem-estar dos cidadãos. Outro grande sinal de corrupção ocorre quando um órgão ou uma instituição não atende mais à finalidade que o Estado fixou e passa a praticar ações diferentes daquelas determinadas. Quando um órgão de arrecadação tributária arrecada os tributos e seus membros tomam para si parte do dinheiro recolhido ou fazem ameaças indevidas aos contribuintes, enfim, quando praticam uma das inúmeras ações que são diferentes daquelas determinadas, esse órgão está corrompido.

Assim como a corrupção de uma instituição não é determinada pela quantidade de membros corrompidos, o mesmo vale para a incapacidade de executar determinada função, pois incompetência não é corrupção política. No limite, não há critérios universais e definitivos para saber exatamente em cada órgão o que é corrupção ou não. São vários os fatores que devem ser levados em conta para saber se uma instituição está corrompida: a passividade diante dos desvios de conduta de seus membros, o não-cumprimento da sua finalidade maior, o atendimento dos interesses privados e não de sua finalidade pública etc.

É evidente que todos esses aspectos podem ser apenas localizados ou temporários no órgão público. Entretanto, quando esses desvios se tornam a regra ou passam a fazer parte da lógica de atuação da instituição, então certamente chegou-se à corrupção naquele órgão. Porque se o erro, a ação desviante e corrompida, é a norma, nenhum de seus membros, por mais bem-intencionados que sejam, conseguirá agir corretamente. Este é o único caso certo de corrupção institucional: quando a ação corrompida é a lógica de ação daquele órgão.

Até agora olhamos apenas para os aspectos internos às instituições, sua capacidade de fiscalizar e controlar as ações de seus membros. Todavia, caso se leve em conta a função que muitas instituições possuem de fazer com que a lei seja cumprida e fiscalizar o todo da sociedade, o quadro se complica. Por exemplo, quando a polícia chega a determinado grau de corrupção no qual os seus membros usam de seu cargo para obter vantagens próprias. Isso está errado. Porém, a situação piora se esses policiais deixam de executar sua missão primordial, que é fazer com que a lei seja respeitada e cumprida, não prendendo e não levando aos tribunais aqueles que a infringem. Ora, se a polícia não consegue realizar essa tarefa ou mesmo deixa que esse estado de transgressão à lei perdure, uma conseqüência óbvia é o aumento das infrações, das violações às leis, pois a impunidade se torna regra. Em tais circunstâncias, a quem caberia a fiscalização para que a lei fosse respeitada e cumprida? A uma instituição que está corrompida? A conseqüência quase que imediata seria a ampliação desse estado de corrupção e a generalização das infrações, dos crimes.

A fiscalização e a aplicação das leis na sociedade são atributos dos órgãos do Poder Executivo, como é o caso das polícias. E vimos como é problemático quando a corrupção se instala nesses órgãos. Mas não devemos esquecer os efeitos da corrupção em outra parte não menos importante do Estado, que é o Poder Legislativo – os representantes escolhidos pela população para formular as leis de uma sociedade. Quando a corrupção é identificada nessa instituição, seja porque houve a participação direta de um parlamentar, seja porque ele indiretamente se beneficiou de um ato desse tipo, automaticamente questiona-se um ponto central do ordenamento político dos Estados contemporâneos, o instituto da representação política.

Um filósofo que pode nos auxiliar na compreensão desse fenômeno é Jean-Jacques Rousseau, autor de uma teoria política que fundamenta em grande parte a constituição de nossos Estados contemporâneos. Rousseau, que viveu no século XVIII, em seu livro *O contrato social* formula uma teoria política que em alguns aspectos nos lembra aquilo que foi escrito pela tradição do pensamento político. Quem abre pela primeira vez o texto de Rousseau nota de imediato uma semelhança com a ordenação da cidade proposta desde Aristóteles, como a classificação dos regimes nas seis formas clássicas, a concepção de um corpo político formado pelo conjunto de cidadãos etc. Contudo, para além dessas aproximações, há algumas novidades teóricas que chamam atenção.

O pensamento político de Rousseau segue as linhas mestras da modernidade filosófica, particularmente da vertente de pensamento político conhecida como contratualismo. Diferentemente do entendimento dos pensadores antigos, que concebiam o indivíduo político como uma dedução da noção de cidade, como é o caso de Aristóteles, o pensamento político moderno tem como uma de suas características partir da noção de indivíduo para conceber o Estado. Assim, para autores como Thomas Hobbes, John Locke e Rousseau o Estado é formado a partir do acordo, do pacto ou contrato dos diversos indivíduos que optam por viver em comunidade. Em linhas gerais, nesses três autores há um raciocínio comum no que diz respeito à origem do Estado: ele nasce do pacto ou acordo dos homens que se encontram num *estado de natureza*. A noção de *estado de natureza* não é igual para esses pensadores, mas pode ser caracterizada como uma condição, nem sempre real, às vezes uma situação idealizada, em que os homens se encontravam antes de viver em sociedade. O *estado de natureza* é uma situação primitiva dos homens, anterior a sua associação em sociedades. Para John Locke, por exemplo, os homens decidem deixar o *estado de natureza* e passam a formar uma sociedade civil, tendo em vista a própria segurança e a defesa das suas propriedades, principalmente para defender sua vida, que é sua propriedade mais importante. O raciocínio é mais complexo, pois a deliberação que leva à fundação de uma sociedade civil implica algumas limitações, como a redução da liberdade existente no *estado de natureza* e a aceitação de regras ou leis que garantam segurança contra os abusos e usurpações de um indivíduo mais forte ou mesmo do Estado, quando este deseja oprimir.

Já para Rousseau, em linhas gerais, a saída do *estado de natureza* e a formação da sociedade civil implicam a criação de um duplo aspecto para os indivíduos políticos ou cidadãos: são eles por um lado soberanos, já que fazem parte do corpo político e têm o poder de deliberar em suas mãos; por outro lado, são súditos, pois devem se submeter às regras formuladas pelo conjunto dos cidadãos que formam a sociedade civil. Portanto, todos os membros do corpo político são, por meio do pacto que funda a sociedade, soberanos e súditos.

O Estado ou o governo no pensamento político rousseauniano é um corpo intermediário entre o soberano e os súditos, visto que deve fazer a mediação entre as decisões soberanas e sua aplicação aos súditos. Se a função do Estado é fazer essa mediação entre as deliberações soberanas e sua efetivação entre os súditos, o órgão encarregado de pôr isso em prática é o governo. Ou, como diz Rousseau em *O contrato social*, o governo é o exercício do Poder Executivo encarregado da administração do Estado. O governo é, pois, o órgão encarregado de administrar e fazer executar as deliberações soberanas entre os súditos. Nesse sentido, o governo não possui um poder em si mesmo, mas um poder delegado ou representativo do conjunto de cidadãos.

Para Rousseau, o Poder Executivo, e somente ele, tem essa capacidade de representação política, não sendo o mesmo aplicado ao Poder Legislativo. Ao contrário, para o filósofo, quando um povo abdica de participar dos negócios públicos para cuidar da sua vida privada, começa o fim da liberdade e o fim do corpo político. Ele é muito incisivo: abrir mão da participação na vida política para delegá-la a outro é desejar viver "sob correntes", pois ninguém pode representar a vontade de outrem, muito menos a de um grupo ou de um povo.

A experiência tem mostrado que Rousseau parece ter razão, visto que o instrumento de representação política não tem se revelado muito eficaz, pois não consegue cumprir de fato seu papel de mediador das demandas que partem dos grupos sociais em direção ao Estado. Em sua concepção original, a representação política, na qual um indivíduo representa os interesses de um grupo, parecia ser uma solução para o problema da participação política em sociedades muito numerosas. Em tese, esse representante escolhido por determinado grupo de pessoas seria a voz delas e faria as vezes delas no Parlamento. Contudo, verificam-se casos de representantes políticos que traem seu grupo ou mesmo contrariam as deliberações de sua base social, rompendo com aqueles que lhes deram um mandato representativo. A falta de controle da ação política dos parlamentares vem se mostrando como um dos maiores problemas das democracias contemporâneas.

Todavia, pior do que não representar os interesses de seu grupo político é a atitude dos parlamentares que permitem casos de corrupção ou se envolvem neles. Em geral, a corrupção do Legislativo pode ocorrer sob diversas formas: os representantes não legislando conforme o interesse daqueles que representam, não fiscalizando os atos dos membros do Executivo e do Judiciário, ou sendo eles mesmos os mentores e protagonistas dos casos de corrupção. A principal tarefa dos membros do Poder Legislativo é elaborar as leis e normas que regem a sociedade. Dentro de nossos ordenamentos republicanos, *grosso modo*, o Legislativo é incumbido de formular as leis, o Executivo as aplica ou as executa e o Judiciário é o que julga a licitude das partes em conflito conforme a lei. Ora, leis mal formuladas ou a ausência delas acarretam a possibilidade de que condutas erradas, injustas ou corruptas fiquem impunes, já que não existe uma norma ou critério para puni-las.

Talvez pareça absurdo que um corpo de representantes do povo, como é o caso do Poder Legislativo nas três esferas de poder – municipal (as Câmaras de Vereadores), estadual (as Assembléias Legislativas) e federal (a Câmara dos Deputados e o Senado) –, deixe de aprovar leis ou aprove aquelas que permitam desvios, mas isso é possível e por vezes ocorre. Boa parte dos casos de impunidade ocorre ou porque não existe uma lei que coíba essa prática indevida, ou porque há essa possibilidade, mesmo sabendo-se que ela é injusta e antiética.

Como exemplo temos o famoso "caixa 2" das campanhas políticas. Em suas campanhas os políticos estão autorizados a receber doações em dinheiro ou em materiais (como camisetas, button, panfletos etc.). As doações ocorrem de dois modos: oficialmente, quando o doador se identifica perante o Tribunal Eleitoral e declara o valor à Receita Federal, e clandestinamente, quando não se informa essa doação. Esse segundo caso é o "caixa 2", também conhecido como "recursos não contabilizados oficialmente". Em 2005, quando surgiu o "mensalão", causou espanto geral a declaração de um famoso publicitário segundo a qual todos os políticos, sem exceção, utilizavam-se do "caixa 2" em suas campanhas eleitorais. Tem-se, pois, a seguinte situação: a de candidatos que fazem campanhas transparentes e lícitas (são cândidos, termo do qual deriva a palavra candidato) e a daqueles que usam o "caixa 2", que é uma forma obscura de conseguir recursos. Pior, desses recursos não se sabe qual o destino, mesmo quando há sobra de dinheiro no final da campanha. Imagine uma candidatura que arrecade milhões em recursos e não gaste nem a metade disso, o que ocorre com essa sobra de dinheiro? Ninguém sabe, não há controle. Outra coisa, de onde vem esse dinheiro? Qual sua origem? Quem são esses doadores? Tais recursos podem vir tanto de pessoas honestas como também de traficantes, estelionatários, bandidos em geral. O expediente do "caixa 2" permite tudo isso, porque não há nenhuma lei que o proíba ou norma que regulamente o uso dos recursos financeiros de uma campanha política. Por isso, em jargão jurídico, não há "tipificação criminal" para a prática de "caixa 2", e os recursos arrecadados também não sofrem nenhuma tributação. Portanto, "caixa 2" não é crime nem paga imposto, pois não há lei que regule isso.

Além de legislar, outra importante função do Legislativo é fiscalizar os atos do Poder Executivo. No limite, muitas vezes cabe apenas ao Legislativo punir os membros do Executivo quando eles cometem atos de corrupção. Quando se descobriu que havia corrupção no governo do presidente Fernando Collor, em 1992, foi num processo legislativo e no plenário da Câmara Federal que ele foi julgado e seu mandato cassado, no único caso brasileiro de *impeachmet*, que quer dizer impedimento de governar. Esse exemplo histórico de corrupção política só foi combatido porque o Legislativo cumpriu uma de suas funções institucionais: a de fiscalizar e punir os membros do Executivo. Assim ocorreu e ocorre com freqüência nos municípios, quando as Câmaras de Vereadores decidem cassar o mandato dos prefeitos se há a comprovação – e não somente a acusação – de corrupção, que em alguns casos também é denominada *malversação* do dinheiro público.

Não legislar e não fiscalizar configura uma omissão da parte dos parlamentares, o que implicaria uma passividade ou anuência. Entretanto, o problema aumenta quando, além disso, eles são os responsáveis pela corrupção política. Se aqueles que devem zelar pelo bom funcionamento da sociedade, dar os rumos à vida política são pessoas de conduta desviada, com ideais políticos deturpados, para onde irá o Estado? Assim como nas demais instituições públicas, a corrupção do Legislativo também ocasiona males terríveis para a sociedade, com a agravante de os corruptos serem os representantes do povo. No caso brasileiro, os diversos episódios de corrupção política dos vereadores, deputados estaduais, deputados federais e senadores têm provocado em alguns o sentimento de que o mundo da política é o lugar da corrupção pura e simplesmente. Pior, chega-se a acreditar que aqueles que desejam se candidatar são pessoas mal-intencionadas, pois querer ser político é buscar o próprio interesse, o que é o fim da noção básica de representação política. Se o representante apenas defende interesses privados, ele não é mais representante de um grupo. Ou, ainda, se ele se elege com os votos de um grupo e representa outro, traindo as suas bases políticas, ocorre uma usurpação do cargo político.

Esse problema, que não é só brasileiro, tem levado muitos especialistas a questionar se, de fato, o mecanismo da representação política é ainda válido, ou se já não é hora de buscar outra solução para que o cidadão faça valer a sua vontade e os seus interesses no interior da sociedade. Certamente a participação direta da população, se não em todas ao menos nas principais decisões políticas, é uma medida altamente desejável, pois assim foi concebida a política na Antigüidade. O problema é como viabilizar isso em sociedades com milhões de cidadãos: como ordenar a participação política num país de quase 200 milhões de habitantes, dando as mesmas possibilidades a todos? Enfim, a ineficiência dos representantes políticos e sua corrupção política têm ensejado profundos debates sobre o modo de funcionamento deste importante órgão político que é o Poder Legislativo.

Mas vamos pensar mais longe: seria possível que todas as instituições fossem corrompidas, ou atingissem alto grau de corrupção? Diz uma teoria que quase tudo é possível, porque a nossa imaginação não tem limite. Na prática, essas elucubrações não encontram lugar. Imagine-se um Estado dominado pela corrupção, em que todos os seus funcionários e políticos fossem corruptos, no qual todas as instituições procurassem dilapidar o patrimônio do povo, onde ninguém mais respeitasse as leis. Em tais circunstâncias não haveria povo que suportasse tamanho desmando. Supor uma condição extrema de corrupção implica também considerar qual povo suportaria toda essa carga de opressão. De fato, uma situação extrema de corrupção só poderia ocorrer em casos de tiranias muito violentas, ainda assim, como é o caso em todo regime tirânico, o governante ou os governantes saberiam que seu governo estaria ameaçado de cair a qualquer instante, pois a oposição seria muito grande. Enfim, num reino de ladrões, com a própria lógica do roubo e da injustiça pautando as ações, não haveria uma população que aceitasse tamanho grau de usurpação dos direitos, de apropriação pelos outros daquilo que é seu.

Retornando ao caso da corrupção das instituições, a prática de atos corruptos gera, necessariamente, algum tipo de descontentamento, de insatisfação na sociedade, suscitando manifestações que busquem coibir essa situação rotineira. Mesmo que um pequeno grupo de funcionários de uma instituição ou até uma instituição inteira assumisse como regra práticas deturpadas, não devemos esquecer que outras instituições e a população não compactuam com essas práticas. Então essas pessoas lutarão contra a corrupção ou, ao menos, farão algum tipo de oposição às práticas corruptas, exigindo punição e apuração dos fatos. Nesse momento se instala o conflito político, que é, para alguns filósofos, o motor das mudanças políticas.

6

O CONFLITO POLÍTICO COMO REMÉDIO

No noticiário brasileiro são recorrentes as manifestações de descontentamento diante dos casos de corrupção. O uso de ironias, principalmente pelas charges, e as piadas são um modo divertido e debochado de que o brasileiro lança mão para protestar. Essas manifestações são até bem-comportadas e educadas em comparação com o que o povo diz no seu cotidiano, não poupando os corruptos de palavrões e xingamentos. Infelizmente, parece que as únicas represálias a esses casos ficam no âmbito do discurso ou das manifestações verbais. Quando muito, ocorrem algumas passeatas ou atos públicos contra a corrupção. Ao final, a sensação é de que tudo isso é pouco ou nada conta para combatê-la. Essa perpetuação da corrupção política produz uma falsa idéia de que ela não tem solução, de que sempre haverá corrupção, de que todos os políticos são corruptos, de que o Brasil não tem jeito!

Entretanto, talvez a coisa não seja bem assim. A preocupação maior é sempre o que fazer diante de casos de corrupção, além da medida mais imediata, que é levar a denúncia ao Poder Judiciário para que este aplique uma punição justa, quando for o caso. Haveria alguma medida que prevenisse a corrupção? Será que há algum outro remédio além de denunciar os seus autores? A resposta é que há e não há, ou, melhor, existe sim um remédio para a corrupção, mas ele exige algo que envolve todos os cidadãos, e por isso dificilmente esse remédio é aplicado.

Como estamos vendo, a corrupção política se instala e se desenvolve no interior da máquina estatal, para depois se espalhar pelo restante da população. Em sociedades como a nossa, que já acumularam uma quantidade razoável de experiências de administração pública, os casos mais comuns de corrupção são rapidamente identificados. Por exemplo, quando um funcionário público extorque o cidadão para realizar um serviço pelo qual ele já foi remunerado pelo Estado. A cobrança de propina é facilmente constatada por outros cidadãos, além de ser por aquele que paga pelo serviço, e também por outros funcionários públicos que trabalham com o corrupto. A solução para esse tipo de corrupção é simples: denuncia-se o fato aos órgãos responsáveis e cobram-se sua apuração e a punição dos implicados, no caso o funcionário e o cidadão corruptor.

Porém, por motivos os mais diversos possíveis, esses casos notórios de corrupção não são sequer denunciados e, quando isso ocorre, não há apuração nem punição. Ora, se em casos tão comuns e cotidianos a corrupção passa impune, o que se dirá quando os envolvidos são altos funcionários públicos, políticos famosos ou até governadores e presidentes da república? A sensação generalizada e muitas vezes silenciosa que perpassa a população é que, quanto mais elevado o cargo, quanto mais importante a função, mais fácil e certa é a corrupção. Tanto que quase ninguém acredita que alguém possa vir a ocupar um grande cargo público sem ter cometido algum ato de corrupção nos momentos que antecederam sua chegada ao poder. O que esse sentimento difundido na sociedade revela é algo que de fato pode estar ocorrendo: a sensação de uma corrupção generalizada dos membros de uma instituição. É aquilo que falávamos da corrupção da forma política do Estado ou das instituições de governo. Contudo, deve-se destacar que, caso se tenha alcançado tal grau de corrupção no interior de um Estado, é porque ela se tornou a lógica da ação política desse Estado. Vejamos isso um pouco melhor.

Imaginemos o caso de vários funcionários de um mesmo órgão que praticam atos de corrupção. Se isso ocorre livremente e sem controle é porque aquilo que foi entendido um dia como corrupção, como desvio de conduta, se tornou agora uma prática comum e corriqueira. Nesse momento a corrupção, que sempre deveria ser uma exceção, tornou-se a regra. Tanto que os novos funcionários que chegam a esse órgão para trabalhar rapidamente se inserem nessa lógica de ação funcional. Com o passar do tempo, aquilo que era praticado de início às escondidas, com medo, é feito às claras, sem nenhum pudor. Quando a corrupção passa a ser a regra de ação de um órgão, não estamos mais falando de indivíduos corruptos, pois qualquer um que for trabalhar nesse órgão cometerá atos de corrupção, porque essa é a lógica da ação nesse cargo público. Não se trata mais de corrupção de indivíduos, mas de órgãos corruptos, de instituições públicas corruptas.

Quando uma instituição se torna corrupta, enfraquecem-se os impedimentos para que outros órgãos públicos caiam na corrupção. Os mecanismos de controle para evitar os casos de corrupção passam a ficar desacreditados, abrindo espaço para que as práticas de corrupção se espalhem por todo o corpo estatal e até para parte da população.

Convém insistir: o maior problema da corrupção política é quando ela se torna a regra de ação, quando a prática corrupta passa a ser o *modus operandi* de uma instituição ou, até mesmo, de todas. Dissemos maior problema porque nesse caso não basta punir um membro dessa instituição, ou alguns, pois a corrupção continuará a ser praticada independentemente de quem ocupe esses cargos. Ela faz parte da lógica da ação e tornou-se nesse órgão um modo costumeiro de agir.

A solução para esse estado de coisas já pode ser intuída: basta quebrar essa lógica de ação corrupta e restaurar a boa conduta nesse órgão ou nesses órgãos. Tudo seria muito simples caso não se considerasse que, se a corrupção chegou a tal grau, foi porque não houve força bastante para coibi-la, nem mesmo quem o fizesse. Se a corrupção se tornou endêmica, foi porque antes não houve nada nem ninguém que a combatesse, seja de fora do Estado, seja de dentro da própria máquina estatal. O torpor e a passividade diante da corrupção foram o combustível que a alimentou durante todo esse tempo. Agora que se constituiu um corpo de funcionários corruptos, organizados, logo, com poder dentro da máquina estatal, como estirpar esses homens e, principalmente, essas práticas que se arraigaram no Estado?

Quebrar uma lógica de ação implica, no limite, mudar uma cultura, transformar hábitos, reformar condutas. Se as pessoas agem de um modo desviado é porque, entre outras coisas, encontraram motivos para agir assim, razões que justificam e legitimam esses comportamentos. No momento em que a ação corrupta se torna hábito, prática costumeira, um novo trabalho de conscientização deve ser feito, ao lado do processo de apuração e punição. Ora, como se sabe, mudar uma cultura ou comportamentos consolidados não é tarefa fácil, muito menos rápida. Portanto, acabar com a corrupção que se instalou nas entranhas de uma instituição requer um esforço e uma ação amplos. Como se trata de um caso grave, pequenas medidas e ações pontuais não resolverão o problema completamente, apenas o atenuarão.

Sobre essa questão, alguns filósofos formularam alternativas diversas. Se fosse possível assinalar um ponto em comum entre elas, esse seria o da ênfase na participação política dos cidadãos na vida efetiva da cidade. Um diagnóstico quase unânime diz que, quando uma população passa a não mais acompanhar a vida política de sua comunidade, abrem-se as primeiras brechas para o advento da corrupção. Todavia, aqui o problema é como fazer com que grandes contingentes populacionais participem ativamente da sua comunidade. Como obrigar um cidadão paulistano, por exemplo, a exercer seu papel de fiscalizador, talvez a função mais relevante da cidadania, numa cidade de dezenas de milhões de habitantes?

E, lembremos, participar é muito mais do que votar. O voto é um dos atos da cidadania, é uma das funções que caracterizam um cidadão, mas a cidadania não se reduz ao voto, como às vezes alguns tendem a dizer.

Quando uma pessoa vota, ela exerce um direito político, contudo há inúmeras outras ações que um cidadão pode e deve praticar para o bem da sua comunidade. Se o indivíduo se contenta apenas em votar, ele não é um cidadão pleno, é apenas um "ser votante", que perde inúmeras outras oportunidades de tomar parte nas decisões e nos rumos do Estado.

E, para que ninguém diga que esse é um problema de nosso tempo, basta lembrar que na Atenas de Platão, no século III a. C., a população passava dos 50 mil habitantes, e era muito difícil que todos pudessem de fato atuar de modo relevante na política ateniense. O mesmo se diz da Florença da época de Maquiavel, que contava, no fim do século XV, quase 100 mil habitantes. Nessas cidades, a dificuldade de fazer com que todos os cidadãos participassem da vida política não era muito menor do que em nossos dias, em cidades densamente povoadas. Entretanto, ainda assim, havia por parte desses filósofos a convicção de que, se os cidadãos se envolvessem nos problemas políticos do lugar, com certeza essa cidade seria bem melhor.

Uma certeza universal na teoria política é que as comunidades políticas – as *pólis* – nunca são totalmente homogêneas e unidas. Sempre há grupos ou partidos no interior de qualquer comunidade, seja onde for, pois os homens não são iguais e não pensam de igual modo sobre o que é melhor para a mesma cidade. Com esse fato concreto diante de si, todos os filósofos buscaram teorias para resolver o dilema de ter uma cidade que fosse uma unidade coesa, apesar da existência de grupos ou partidos com posições divergentes. Muitas teorias políticas advogaram a luta pela harmonia ou unidade social como a grande meta para todos os integrantes do mundo político. Essa busca da paz social sempre esteve presente como um desafio a ser resolvido das mais diversas formas.

Ora, a novidade que o filósofo italiano Nicolau Maquiavel apresenta rompe com esse ideal do mundo clássico. Maquiavel teve como princípio para suas reflexões não basear suas afirmações em projetos ideais de cidades e governos, mas naquilo que de fato ocorre no mundo político. Por ter sido durante anos diplomata e vivenciado de perto o mundo da política, ele fundamentou suas teorias no que chamou de *la verità effetuale della cosa*, ou seja, a verdade efetiva das coisas, baseando suas análises no que viu e conheceu sobre as ações do mundo político. Em vários momentos de suas obras ele diz claramente que sempre buscou, ao contrário de outros filósofos "idealistas", produzir uma reflexão política que expressasse aquilo que ele descobriu nas suas experiências cotidianas com os políticos.

Nesse sentido, a novidade que Maquiavel traz, entre inúmeras outras idéias, é que uma teoria da paz social, da concórdia política como modelo para uma cidade é um projeto equivocado, para não dizer impossível. Diz ele que em toda cidade há, ao menos, dois grandes grupos políticos (em termos de poder e não numericamente falando): os grandes ou ricos e os pobres ou pequenos. Não existe cidade em que não seja possível fazer ao menos essa distinção no seu interior. Outra constatação óbvia, mas necessária: os interesses políticos desses dois grupos são contraditórios, pois os grandes desejam comandar e oprimir e os pobres não querem ser oprimidos. Ora, como conseqüência imediata dos interesses antagônicos nascerá, necessariamente, o conflito político na cidade. Nesse sentido, não há nenhuma cidade em que ele não exista.

Sobre o conflito político, importa dizer que Maquiavel não vê nele a guerra civil ou a luta armada entre os partidos. Para ele o conflito político é, primeiramente, não violento, não deve causar o derramamento de sangue, sob o risco de essa luta virar uma guerra entre facções. Trata-se da disputa civilizada e regrada pela conquista do poder, pela obtenção de direitos ou pela defesa destes. Ora, quando dois grupos se confrontam no debate público ou na disputa pelo apoio dos demais cidadãos para o exercício do poder, isso é um conflito político. O mesmo se diz sobre a aprovação de uma lei.

Os esforços para a sua aprovação ocorrem por meios pacíficos, embora sejam por vezes verbalmente violentos. Todo embate pelo poder é um conflito político, ao menos entre essas duas partes. Mas essa disputa não é necessariamente violenta e cruel; pode vir a ser, mas convém que não seja, para que a cidade não caia numa guerra civil. No limite, o que Maquiavel chama de conflito político são as disputas políticas que ocorrem costumeiramente em qualquer comunidade, sem o recurso da violência, com o objetivo apenas de persuadir os demais cidadãos.

Essa disputa política leva ao estabelecimento de leis ou instituições que impeçam os abusos. Ao se perceber que um dos lados exacerba o seu poder e tenta conquistar mais benefícios à custa do restante da sociedade, automaticamente iniciam-se manifestações contrárias, tentando debelar essa tentativa. Desse confronto nascerão ou leis ou instituições que moderarão as vontades e equilibrarão os poderes. Assim, o conflito é o motor que move as transformações políticas, com vistas a diminuir as ambições exageradas, que podem surgir de ambas as partes. Maquiavel também nota que o povo pode desejar muitas coisas para além do que é adequado, provocando uma situação de caos e descontrole.

Contudo, para que os conflitos políticos tenham esse efeito benéfico na sociedade, algumas condições se fazem necessárias. Primeiramente, é fundamental que os cidadãos estejam envolvidos com a vida política local, que procurem participar das decisões, o que implicará, muitas vezes, lutar por aquilo que entendem ser o melhor para a cidade. Sem essa disposição à participação política, não necessariamente partidária, dificilmente haverá conquistas. A razão é simples: quanto menos pessoas ficam sabendo das decisões e tomam partido nelas, menos são os beneficiados, mas grandes os benefícios que esses poucos conseguem. Quando apenas um pequeno grupo de cidadãos se envolve nas decisões sobre os rumos da cidade, as decisões beneficiarão primeiramente a eles. Dentro dessa lógica de beneficiar a poucos, esse grupo fará de tudo para impedir que outros tomem parte nesses benefícios ou possam também deliberar. Conseqüência imediata: esses detentores do poder político criarão sempre obstáculos à participação de outros cidadãos. Ora, se você está do lado de fora dessa "festa do poder", saiba que só conseguirá entrar com luta e pressão política, porque em regra o clube é sempre fechado.

Essa exigência de uma vida política ativa é um tema recorrente nos pensadores que defendem a democracia e a república, como foi o caso de Aristóteles, Maquiavel e Rousseau. É somente quando os cidadãos tomam parte na vida política, e interferem nos rumos da sociedade, que ela melhora. E esse hábito cada geração tem de adquirir. Não é porque uma geração foi atuante que seus filhos necessariamente o serão. Caso não haja uma formação nesse sentido, muitos serão os obstáculos para aqueles que quiserem se envolver com a vida da cidade. A obrigação de participar está posta para cada cidadão, ninguém está isento ou dispensado, sob o risco de perda de qualidade de vida.

Todavia, quando os cidadãos participam da vida política da cidade, essa participação passa a ser permanente. As primeiras mudanças podem até ser pouco significativas do ponto de vista das conquistas para toda a sociedade, mas, com o tempo e a constância dessa participação, criam-se não somente leis ou direitos que defendam os principais interesses da sociedade, mas também mecanismos e instituições abertos aos reclamos da população. Ou seja, a constância da luta política abre espaço para instituições que disciplinam e ordenam o modo dessa participação política. Por isso, o conflito político, quando entendido nos termos da participação política maquiaveliana, é um remédio eficaz contra os atos de corrupção dos agentes públicos, visto que mantém todos vigilantes e ativos na defesa do interesse comum, daquilo que pertence à república. É bom insistir que o conflito político, ao contrário de ser uma demonstração de corrupção ou decadência política, revela justamente o oposto, a vitalidade e a força de uma sociedade em buscar aquilo que é melhor para todos. Defender a luta política entre os diversos grupos que compõem a sociedade, em suma, é advogar a instalação de um hábito cívico que denota *potência* e força dessa mesma sociedade.

Dois exemplos, um antigo e outro recente, podem ajudar a entender melhor isso.

Na Florença de Maquiavel, ou seja, na passagem do século XV para o XVI, havia um governo que formalmente poderia se dizer republicano, mas que na prática não era. Ao longo de boa parte do século XV, Florença foi governada por membros da família Médicis, que se sucediam no poder, constituindo um governo senhorial ou mesmo monárquico. No fim do século, no ano de 1594, uma série de revoltas agitou a cidade e o governo dos Médicis foi deposto, instalando-se na seqüência um governo de caráter propriamente republicano e popular, inicialmente sob o comando do frei Jerônimo Savonarola. Quatro anos depois, Savonarola foi deposto e Pier Soderini assumiu o poder. Porém, a cidade continuava agitada politicamente, o que impunha a uma série de limitações ao seu comando. Na verdade ele estava subordinado a diversos conselhos políticos, sendo mais um executor de tarefas do que um deliberador ou legislador autônomo. A importância desses diversos conselhos e a quantidade de cidadãos que participavam deles eram tão grandes que convém olhar os dados.

Os historiadores estimam a população de Florença nesse período em aproximadamente 90 mil habitantes. Desses, apenas os homens nascidos na cidade tinham de fato cidadania plena e podiam participar ativamente das decisões políticas, o que significava menos de 40 mil habitantes. Se excluirmos as crianças e os idosos de tal contingente, teremos algo em torno de 30 mil cidadãos com plenos direitos de participar da vida da cidade.

Em Florença havia ao menos quatro ou cinco conselhos que regiam todas as decisões da cidade, e a cada período curto de tempo os membros desses conselhos deveriam ser trocados. Alguns conselheiros tinham um mandato de apenas seis meses. O impressionante é que eram necessários aproximadamente 3 mil conselheiros para cada mandato, ou seja, durante esse período 10% dos cidadãos estavam participando de alguma esfera política da cidade e certamente cada um deles haveria de tomar parte algum dia em um desses conselhos. Portanto, o modo como a cidade se organizou politicamente exigia de seus cidadãos a participação em cargos públicos. Todos tinham de participar. Nunca é demais lembrar que, nessa época, Florença era uma das cidades mais importantes e ricas da Europa, berço da nova cultura que foi o Renascimento. Mesmo depois da deposição do governo republicano, em 1512, e da restauração do governo dos Médicis, o nível de participação política continuou alto e os conflitos políticos também.

Esse era o exemplo antigo, agora vamos para um de nosso país e de nosso tempo.

Em 1988, Olívio Dutra, do Partido dos Trabalhadores (PT), venceu a disputa pela prefeitura e assumiu o governo da capital do Rio Grande do Sul, Porto Alegre. Sua gestão implantou um mecanismo de participação política denominado *Orçamento Participativo*. Ele consistia em dividir a cidade em setores, conforme o número de habitantes, nos quais se realizavam reuniões com os moradores para decidir como seria gasta uma parcela do orçamento da prefeitura naquele bairro ou distrito.

No começo a participação não foi muito grande, mas, com o tempo, as pessoas descobriram que era muito importante estar presente nessas reuniões do Orçamento Participativo para conquistar benefícios para a sua rua, a creche, o posto de saúde etc. Como o dinheiro não era muito e as carências eram grandes, sempre ocorriam intensos debates e disputas acerca de onde aplicar os recursos disponíveis. Os estudos mostram que num primeiro momento as pessoas sempre pensavam no interesse particular mais imediato: melhorar sua calçada, sua rua, a escola do seu filho. Porém, os debates constantes nesses encontros despertaram nos participantes a percepção de que às vezes era melhor para o bairro que o dinheiro fosse investido em algo que os beneficiasse como um todo.

Na verdade, o melhor resultado do Orçamento Participativo foi desenvolver uma consciência de coletividade nas pessoas, que passaram a ficar mais atentas às coisas que diziam respeito à cidade. Uma das primeiras conseqüências foi a luta pelo aumento da verba destinada ao Orçamento Participativo, em geral quantias irrisórias e simbólicas (menos de 1% do total do orçamento da prefeitura). Essa luta não podia mais ser feita nas assembléias de bairro, tinha de ser travada na Câmara Municipal, onde por lei o orçamento da cidade deve ser regulamentado e aprovado. Conseqüência: houve um maior grau de cobrança sobre os vereadores na hora de decidir onde deveria ser gasto o orçamento municipal. A cidade descobriu a Câmara de Vereadores.

Enfim, a experiência das assembléias do Orçamento Participativo fez com que os habitantes de Porto Alegre ficassem mais atentos ao destino do dinheiro público. Tanto que, em 2004, quando o Partido dos Trabalhadores perdeu as eleições, depois de ter governado a cidade por dezesseis anos, o novo prefeito eleito, José Fogaça, do PPS, adversário do PT nas eleições, manteve o Orçamento Participativo em sua gestão. Isso mostra que uma iniciativa de um pequeno grupo se transformou numa instituição política que, ao que parece, independentemente do prefeito, será conservada. Até outras cidades, governadas por outros partidos, copiaram e adaptaram as experiências do Orçamento Participativo em sua gestão.

Seja pelo exemplo de Florença, seja pelo de Porto Alegre, nota-se como o envolvimento dos cidadãos nos rumos da cidade traz sempre bons resultados. Quando essa participação é intensa, chega-se a criar os mecanismos para que ela se efetive, ou seja, nascem as instituições que garantem os direitos e a participação dos cidadãos. Para concluir com Maquiavel, instituições que têm essa origem, que se fundam nesses conflitos, são melhores, mais duradouras e garantem o bem-estar social.

7

A CORRUPÇÃO E AS CIDADES FEUDAIS

A corrupção política se instala e se manifesta a partir do vácuo deixado pelo desleixo com as coisas públicas. A pouca preocupação com as coisas públicas denota, também, uma excessiva preocupação com o bem-estar privado. Entretanto, contrariando um raciocínio muito difundido, o bem-estar individual depende em muito do lugar onde vivemos, das relações que tecemos com as demais pessoas. Queiramos ou não, essa sensação de bem-estar – já que é disso que se trata, de uma sensação – está atrelada a toda uma gama de relações que os indivíduos estabelecem no dia-a-dia.

Um pesquisador norte-americano, Mike Davis, demonstrou que os casos de corrupção aumentam à medida que as pessoas relaxam ou relegam a participação política para um plano inferior de sua vida. Essa hipótese pode ser muito bem comprovada em nosso dia-a-dia, tendo como exemplo os condomínios fechados, sejam eles horizontais, sejam eles verticais.

A própria aceitação de condomínios já é um sinal de que algo não vai bem numa cidade. Os condomínios são antes de mais nada territórios delimitados e excludentes no interior de um tecido urbano, ou, dito de modo mais claro, eles recortam um território que pertence a todos e o tornam pertencente a um grupo. Repare, onde há um condomínio fechado há ruas e alamedas nas quais apenas algumas pessoas têm o direito de circular, sem falar na questão da aquisição dos terrenos, o que seria uma discussão mais longa. Aqui estamos tratando apenas do direito constitucional de ir e vir pelo território de seu país e de sua cidade, e não da posse ou propriedade de parcelas de terras que pertencem a um país. Nesse sentido, um condomínio significa que algumas partes da *res publica* não pertencem ao todo da cidade, mas a alguns. Se lembrarmos que rua é denominada tecnicamente de *via pública*, ou seja, algo que pertence a todos, como admitir que há vias públicas que não são de todos, mas de alguns?

Pior ainda é se levarmos em conta que a autorização para a instalação de um condomínio fechado passa pela prefeitura e pela Câmara de Vereadores. Aí vem a questão: como podem os representantes maiores dos interesses da cidade, do todo coletivo, autorizar que o território que pertence a todos seja agora controlado por um pequeno grupo de cidadãos e restrito a eles? Como pode um ente público, como são a prefeitura e os vereadores, decidir claramente em favor de interesses privados que afrontam a coletividade? Se os condomínios fechados são extremamente controversos, eles o são mais ainda quando instalados em áreas como a beira de rios, lagoas, cachoeiras ou praias, restringindo o acesso a esses recursos naturais que sempre foram de todos. Ao menos até o momento em que escrevo este texto o mar, os rios, as lagoas e as cachoeiras não estão à venda nem possuem nenhum tipo de valoração financeira.

Entretanto, esses condomínios apenas revelam um sintoma de algo muito maior e mais grave. Quando um grupo de pessoas decide se separar do restante da cidade, seja por qual motivo for, ele está dizendo, por via indireta, que não quer mais fazer parte daquele mundo, que não deseja mais o modo como a cidade está organizada. O argumento clássico de que há muita violência não é justificativa suficiente para recortar o território que pertence a todos e, com isso, estabelecer fronteiras concretas no interior daquilo que deve ser uma só coisa. Se há excesso de violência, ela atinge a todos os habitantes daquele município, e o seu combate interessa a todos.

Falamos de condomínios que instauram limites físicos no interior da cidade com os seus muros altos, suas milícias de seguranças privadas, suas cercas e seus cães, mas há outras maneiras mais dissimuladas de recortar o território de uma cidade. Quando os moradores erguem muros altos; quando colocam "floreiras" quase da largura da calçada (que em termos técnicos é conhecida como *passeio público*) – obrigando as pessoas a transitar pela rua, tal é o incômodo de andar pelas calçadas –; quando ruas são fechadas com portões e cancelas; enfim, todos esses obstáculos mostram que a cidade deixou de ser um lugar de todos os *munícipes*, com a autorização do próprio poder público municipal.

Esses expedientes lembram a velha técnica utilizada nas construções dos castelos medievais. Os feudos não nasceram tal qual nós os vemos hoje. Esses castelos, muitas vezes magníficos, nasceram primeiro da colocação de uma cerca de madeira para afastar os intrusos que desejavam saquear o vilarejo. Quando a cerca de madeira não era mais suficiente, construía-se um pequeno muro de pedra, que crescia à medida que a localidade era invadida. Quando a muralha de pedra já não dava muita segurança, fazia-se um fosso em volta e despejava-se lá o esgoto do vilarejo. Essa imagem de fossos com jacarés ou de águas claras é uma criação da indústria cinematográfica. Poucos castelos tiveram fossos, já que a grande maioria está construída em montes com penhascos de quase todos os lados. Até que ponto certos bairros e certas construções de nossas cidades não lembram essas técnicas medievais de proteção?

Mas a conseqüência principal da instalação desses feudos ao longo do período medieval na Europa foi o enfraquecimento do poder político dos reis e príncipes. Politicamente, enquanto os feudos existiam com seu poder pequeno, mas quase autônomo, a força política dos imperadores e reis foi quase inexistente. Entre outras coisas, porque não havia unidade territorial, social, econômica, jurídica e política. A existência de um território fragmentado fisicamente implicava a desunião política dessas localidades. O mesmo raciocínio pode se aplicar, em escala menor, a uma cidade que tem seu território recortado por vários condomínios fechados. Por conseqüência, o que diz respeito à vida política da cidade pouco atinge o cotidiano desses habitantes. Se falta ônibus, se as ruas estão esburacadas, se não há esgoto, nada disso parece tocar esse "outro" cidadão que está territorialmente separado da cidade. A preocupação com o bem-estar privado se põe acima e antes de qualquer interesse público.

Essa é uma idéia ao que parece muito difundida: que a busca da satisfação privada exclui o bem-estar do todo e se contrapõe a ele. Alcançar a tranqüilidade individual, da família ou do seu pequeno grupo é algo que parece se opor à busca desses valores para a coletividade. Esse raciocínio individualista, que se desdobra por um esquecimento do todo social ou até mesmo pela anulação dos efeitos dessa coletividade na vida do sujeito, além de ser equivocado, é prejudicial para o próprio bem-estar desse indivíduo.

Equivocado, porque, por mais que queiramos, não estamos sozinhos no mundo, e um dia teremos de sair de nossos vários tipos de "condomínios fechados". Não é possível passarmos toda a vida trancados nesses territórios idealizados. Quando formos obrigados a sair, a cidade estará nos esperando com os seus problemas de sempre. Eles não desaparecem quando os esquecemos ou não os vemos, e sim quando de fato são solucionados.

Prejudicial, pois as medidas segregadoras, embora busquem atender a sua satisfação particular por segurança, aumentam e escancaram ainda mais os problemas coletivos. Medidas de restrição de direitos de uns para benefício de outros, como é o caso dessas limitações físicas no interior das cidades, na grande maioria dos casos não resolvem os problemas desses moradores enclausurados, ao contrário, tendem a piorar a situação.

Mas o que tudo isso tem a ver com corrupção política?

Simples, as medidas segregadoras revelam concretamente (e bota concreto nisso!) quanto a cidade está fraturada socialmente e, por conseqüência, politicamente. Esses marcos físicos mostram quanto essas pessoas renunciaram à vida na *pólis*, que a cidade é para elas tão-somente um lugar para atender a algumas necessidades mais básicas, mas que, na verdade, esses indivíduos "especiais" queriam estar e de fato estão separados desse coletivo de cidadãos que compõem a entidade política chamada *cidade*. A pesquisadora Teresa Caldeira, em estudo recente, mostrou como nos condomínios muitos problemas da cidade se reproduzem: mortes por atropelamento, consumo de drogas, depredação do patrimônio etc. Ou seja, o sonho da "ilha de segurança e tranqüilidade" acaba quando os problemas da cidade são reproduzidos nos condomínios, com uma escala maior de impunidade, pois a polícia não pode transitar no seu interior e tem menos instrumentos para interferir e solucioná-los.* Ora, num lugar como esse, como desejar participação política? Como pedir aos cidadãos que se envolvam com as coisas do público (com a *res publica*) e interfiram nos rumos da cidade, ajudando a tomar decisões que visem ao *bem comum*? A própria decisão que deu origem a esses recortes no território urbano é contrária ao interesse político da maioria, é contrária à vida em coletividade, um dos fundamentos centrais da política.

Os condomínios fechados e os demais cerceamentos dos espaços públicos são índices de como há algo

* Caldeira, Teresa. *Cidade de muros*. São Paulo: Editora 34 letras, 2001.

de errado na vida cotidiana da cidade que toca o mundo político. Se, como se viu, precisamos de freios para a corrupção, esses dados físicos revelam uma grande despreocupação com a vida política. Logo, menos um obstáculo para que a corrupção se instale nas instituições, pois uma parte do povo já assimilou a idéia de que a "coisa pública", a *res publica*, não é mais prioritária e importante em sua vida. Ora, a cidade nesse contexto já não é mais tão importante, já não importa tanto quanto ter a rua do condomínio limpa e os playgrounds conservados.

Uma das teses defendidas por Teresa Caldeira é que esses cerceamentos físicos alteram a concepção moderna de vida urbana:

> Ao transformar a paisagem urbana, as estratégias de segurança dos cidadãos também afetam os padrões de circulação, trajetos diários, hábitos e gestos relacionados ao uso de ruas, do transporte público, de parques e de todos os espaços públicos. Como poderia a experiência de andar nas ruas não ser transformada se o cenário é formado por altas grades, guardas armados, ruas fechadas e câmeras de vídeo no lugar de jardins, vizinhos conversando, e a possibilidade de espiar cenas familiares através das janelas? A idéia de sair para um passeio a pé, de passar naturalmente por estranhos, o ato de passear em meio a uma multidão de pessoas anônimas, que

simbolizam a experiência moderna de cidade, estão todos comprometidos numa cidade de muros.*

Ao contrário dos conflitos políticos sadios e necessários para o bom funcionamento da vida política, esses marcos físicos de segregação são um exemplo de algo que pode provocar a oposição destrutiva. A luta que se estabelecerá no interior daquela coletividade não é mais pela conquista do poder, mas pela destruição do outro. O adversário não é mais alguém a ser vencido dentro de regras claras e disciplinadas por instituições públicas (que visem ao todo). O conflito objetivará a destruição do outro, pois as partes não se vêem como cidadãos de uma mesma localidade com os mesmos direitos. Queiramos ou não, esses dados revelam que esse agrupamento de pessoas não perfaz mais uma sociedade, pois aquilo que era o mínimo que deveria haver em comum para fundá-la já não existe mais. Caso retomemos um dos pressupostos do filósofo John Locke, o que leva os homens a fundar uma sociedade civil é a necessidade de segurança mútua que será garantida quando todos os contratantes se submeterem às normas coletivas. Ora, isso exige que os contratantes se reconheçam, ao menos do ponto de vista político, como sujeitos capazes de assegurar isso. Ampliando o raciocínio, o que a instalação dos condomínios fechados revela é que esse pressu-

* Caldeira, Teresa. *Cidade de muros*. São Paulo: Editora 34 letras, 2001 [p. 301].

posto já não é mais válido, pois não se reconhecem aqueles que estão fora dos condomínios como capazes de assegurar esse pacto. O mesmo se aplica aos que estão alijados dos condomínios, já que não reconhecem os "condominiados" como garantidores do pacto, e todos, no limite, não têm o Estado como o grande guardião da segurança geral. O fato inegável é que a atitude de recortar o território público da cidade em condomínios fechados demonstra para todos – os de dentro, os de fora e o poder público – que a sociedade não assegura aquilo que era o mínimo do pacto social que a fundou: a garantia de segurança que a vida em sociedade deve representar. Talvez não queiramos ser tão drásticos e discordemos de que a fratura social seja tão aguda, mas, quando notamos a cisão social e territorial verificada nas grandes metrópoles, não só brasileiras mas mundiais (lembre-se de que Paris não é tão mais segura que o Rio de Janeiro), pensar que a população que habita um mesmo município forma uma sociedade e não múltiplas facções em disputa cruel pode ser um bom exercício de imaginação. A experiência cotidiana tem revelado cidades inteiramente cindidas socialmente, nas quais o dado territorial é apenas um indicador.

8

CONVULSÃO E REVOLUÇÃO POLÍTICA

Quando a corrupção política se torna endêmica, atingindo uma parcela significativa da população e várias instituições, configurando-se numa prática generalizada, pode-se estar chegando ao limite máximo da corrupção em um Estado. Corrupção essa que não se restringe às práticas ilícitas, à apropriação do dinheiro público, à usurpação do território urbano, aos desvios generalizados de conduta etc. Na verdade, essas práticas são sinais de que determinado ente político já não tem mais a mesma força e vigor do início, que há uma fragilidade política que se revela pela ausência de poderes para coibir esses atos. Não são os atos de corrupção que no seu conjunto nos informam que há uma corrupção generalizada. A questão não é de quantidade. A grande incidência dessas infrações e sua impunidade indicam quanto está fragilizado um governo. Um governo corrupto é um governo frágil em termos políticos, pois não consegue por seus próprios meios punir e impedir a corrupção.

O problema que se punha e se põe ainda para inúmeros autores é o que acontece quando a corrupção toma conta de todo o corpo político. Quais são as conseqüências para um Estado tomado pela corrupção em suas instituições e com uma população conivente e ao mesmo tempo vítima dessa corrupção?

A hipótese mais difundida e teorizada por vários pensadores é que, quando a corrupção passa a ser endêmica na cidade, a conseqüência direta é a instalação de uma revolução política que busque mudar completamente as estruturas do Estado.

A palavra revolução deve ser compreendida aqui em duas acepções. Para os filósofos gregos antigos, a revolução era entendida como a ação que muda algo estrutural em determinado ente. Platão e Aristóteles entendiam que algumas coisas, alguns seres, podem sofrer alterações em sua composição, mas não deixam de ser o que são. Uma árvore pode crescer sem deixar de ser árvore; certos materiais mudam de cor pela ação do tempo, assim como a prata pode escurecer e perder o seu brilho sem deixar de ser prata. Essas mudanças ou alterações são algo natural e possível em cada coisa, principalmente nos seres vivos naturais. O movimento, no sentido de alteração de certas disposições – cor, resistência, dureza, maciez, comprimento, peso etc. –, ou a mudança de alguma disposição de um corpo é totalmente previsível e natural num ser. Pela experiência sabe-se que o pão perderá sua maciez em poucos dias se ficar exposto ao tempo, assim como também se sabe que a borracha, pelo desgaste natural ao longo do tempo, perde sua elasticidade.

Contudo, existem mudanças que não são naturais e que alteram as estruturas ou a composição de um ser. Em termos políticos, quando uma cidade (*pólis*) altera a sua conformação, mudando maciçamente a sua população ou alterando o regime político aí vigente, diz-se que ela sofreu uma revolução, ou seja, que ela mudou as suas estruturas. A revolução caracteriza-se, em termos políticos, quando uma cidade muda a sua forma de governo, por exemplo, deixa de ser uma monarquia e passa a ser uma república. Essa mudança na conformação da cidade é mais do que uma simples mudança, é uma revolução, pois altera toda a disposição política que havia até então. Portanto, revolução (em grego, *kínesis*) é muito mais que uma simples mudança (em grego, *metábole*), já que a primeira implica uma alteração das estruturas, algo fundamental para a vida da cidade, e a segunda refere-se às modificações naturais e previsíveis dos corpos.

No mundo moderno essa acepção de revolução conservou a significação dada pelos gregos, mas passou a comportar uma nova acepção de caráter ideológico.

Quando falamos de revolução inglesa, Revolução Francesa, Revolução Russa, Revolução Cubana etc., são todas eventos que alteraram profundamente as estruturas políticas de seu país. Rigorosamente falando, eram revoluções no mesmo sentido da *kínesis* política dos gregos. Logo, esses fatos históricos diferem das simples mudanças políticas por alterar os fundamentos da cidade e implantar uma nova ordem política que atingiu a todos os habitantes.

O problema, contudo, está em como caracterizar uma grande mudança política: foi uma revolução ou um golpe? Isso porque, em tempos recentes, as ações ou os movimentos revolucionários ganharam contornos ideológicos, de tal modo que aqueles que estão de um lado da disputa dizem que fizeram uma revolução e os seus adversários, querendo manter consigo a imagem de revolucionários, dizem que golpistas foram os primeiros. Não cabe aqui resolver essa discussão de quem foi ou não revolucionário, se se tratou de um golpe político ou uma revolução política, mas tão-somente tentar caracterizar a revolução.

De certa forma é consenso entre os especialistas que mudanças profundas e rápidas no campo político são caracterizadas como revolução. Não basta apenas que se mude um governante por outro, um partido por outro para que haja uma revolução. A revolução deve alterar o modo como a política se ordena, alterar as instituições, as leis, os costumes políticos, aspectos essenciais da conformação política do lugar. Por exemplo, a deposição do presidente Fernando Collor de Mello, em 1992, não foi uma revolução política, pois se processou dentro das regras constitucionais do Brasil democrático. Já a instauração da república, em 1889, que depôs o imperador dom Pedro II e instituiu um governo republicano sob o comando do marechal Deodoro da Fonseca, foi uma revolução política, pois mudou as estruturas de governo do Brasil.

Voltando ao tema inicial, quando a corrupção política se torna generalizada, o momento seguinte é a instalação de um processo revolucionário que busque o saneamento dessa doença crônica que tomou conta do Estado, que supere a fraqueza política revelada pela corrupção. Agora já não são suficientes medidas paliativas e localizadas, como punir um funcionário corrupto ou tornar as leis mais rígidas. Essas medidas já não conseguem alterar toda uma lógica de ação que se instalou nas instituições e se converteu em cultura política. A dificuldade maior é que, em situações de corrupção extrema, não há mais instituições com poder para punir e inibir os delitos. Maquiavel compara esse momento político a um corpo dominado por uma doença muito grave, no qual os remédios costumeiros não fazem efeito e devem-se tomar medidas drásticas e profundas.

E, assim como no corpo humano, nos corpos políticos o risco de morte nessas circunstâncias é muito provável.

A morte de um corpo político não significa necessariamente que ele desapareceu. Quando um Estado que seja ordenado, por exemplo, como uma monarquia chega ao grau extremo de corrupção e morre, em termos políticos não significa que aquele espaço físico ficou sem nada, que seus habitantes foram embora para outras cidades. Significa, na verdade, que aquela forma política morreu e uma nova forma de governo deve ser implantada. Por exemplo, quando, no fim do século XVIII, o regime monárquico absolutista francês entrou em crise e, em 1789, desencadeou-se o processo revolucionário conhecido como Revolução Francesa, o resultado não foi o desaparecimento da França como Estado, mas uma profunda transformação nas suas estruturas políticas, com vista a erradicar tudo aquilo que tinha ligação com o regime monárquico, o *antigo regime*. A Revolução Francesa não foi o fim do Estado francês, mas o processo de mudança que culminou com o fim da monarquia absolutista e a instalação, num primeiro momento, de um regime republicano.

Na grande maioria das revoluções dos últimos séculos, os revolucionários apontavam como motivo principal para lutar a erradicação da corrupção predominante no regime em vigor. Em geral, para eles a corrupção endêmica do Estado foi a maior motivação para lutar e implantar uma nova forma de ordenar o corpo político. Corrupção que, nesse caso, não deve ser associada somente à apropriação do dinheiro público, às situações de injustiça, de privilégios descabidos para alguns, mas, principalmente, ao fato de o governo em questão não ser um legítimo representante dos interesses da maioria da população. A corrupção é antes de tudo um sinal de fraqueza política, de perda de legitimidade e de apoio ao governo. Um governo corrupto não é mais um legítimo representante dos interesses da maioria, porque já não consegue controlar o Estado e indicar para o seu povo qual o rumo a seguir.

A transformação política pela qual deve passar o Estado extremamente corrompido não pode mais ser parcial, ao contrário, deve ser radical, ou seja, deve atingir as raízes do corpo político, mudar leis, instituições, hábitos políticos. É nesse sentido que precisa ser entendida a expressão "mudança radical", uma transformação que alcance as raízes, os alicerces que dão sustentação ao Estado, que implante uma nova conformação do corpo político.

Outro aspecto sobre o qual, em geral, os teóricos concordam é que esse novo governo que se implanta após um processo revolucionário deve ser muito forte, ou seja, contar com grande apoio da população ou de parcelas não tão numerosas, mas politicamente fortes, para que possa implementar as mudanças que julgue necessárias.

Um governo de força não é necessariamente uma tirania ou uma ditadura, pode ser muitas vezes um governo democrático em um regime republicano, mas com alguns poderes a mais para que, durante um período muito bem delimitado de tempo, implante as mudanças políticas que foram a bandeira de luta revolucionária. É bom lembrar que a noção de ditadura foi inventada na Roma antiga e era uma instituição republicana e não monárquica. O ditador era sempre um cidadão ilustre que recebia do Senado romano a incumbência de, em período determinado de tempo, realizar as mudanças políticas necessárias. Nesse sentido, o ditador é aquele que dita as leis, as ordens, ele é principalmente um empreendedor das mudanças políticas que, nesse caso, o Senado romano designou, sempre tendo em vista que ele possui um período muito preciso para exercer seu poder ampliado. Após esse mandato – ou seja, esse mando, essa obrigação, pois ele foi incumbido –, voltava-se à normalidade política, restaurava-se a normalidade republicana. Portanto, na sua acepção original, um ditador não era um tirano, pois não tinha plenos poderes, poderes absolutos, já que sua ação política era regulada pelo Senado. Também não deveria ele se perpetuar no poder, pois era portador de um mandato preciso. Se hoje alguns governantes se perpetuam no poder, sem nenhum tipo de controle institucional e temporal, eles não devem ser designados como ditadores, mas como tiranos. Alguns especialistas entendem que para receber o nome de tirano é necessário ainda que este execute ações cruéis e violentas, mas, de fato, mesmo que isso não ocorra, pode haver sim tirania e não ditadura.

Voltando ao caso do governo revolucionário, a força não implica necessariamente o uso de armas ou violência, apesar de essa prática predominar em muitas revoluções. Sem força política, um governo que se instala por um processo revolucionário não conseguirá mudar instituições, leis, hábitos políticos, pois lhe faltam o respaldo e o apoio dos cidadãos. Ora, se houve uma revolução, era justamente porque havia instituições corrompidas. Logo, não será natural nem pacificamente que o conjunto de funcionários que formam as instituições corrompidas e os demais cidadãos que dela se beneficiam aceitem as mudanças e alterem suas práticas. Em linhas gerais, os homens a muito custo alteram o seu comportamento, mesmo sabendo que ele não é correto, o que em termos de política em geral é muito relativo.

Talvez se deva lembrar ainda que a força política de um governo não está no poder das armas, embora elas sejam importantes, mas em sua capacidade de convencer as pessoas a aderir a seu projeto político. Os exemplos históricos mostram quanto povos invasores, quando impuseram as mudanças pela força das armas e não pela persuasão, tiveram fortes oposições e muitas vezes foram derrotados. O mesmo vale para governos que se instalaram por meio de golpes militares. Enquanto houve algum tipo de apoio político eles se mantiveram. Porém, quando se perde esse apoio político e a única base de sustentação do regime são as armas, a durabilidade desses governos está constantemente ameaçada.

A força de um governo, seja ele fruto de um processo revolucionário ou não, está no apoio político que a população lhe confere. Sem esse apoio, que imprime a ele o que se chama de legitimidade política, os fundamentos da ação política serão sempre precários e de curto alcance. Como bem demonstrou Maquiavel no seu livro mais famoso, *O príncipe*, a grande força de um governo está na sua capacidade política (por ele denominada *virtù*) de conquistar apoios que lhe assegurem a conservação do poder.

A mudança operada pela revolução se faz entre uma situação de fragilidade política, revelada pela corrupção, e a implantação de um governo de força, mas que não seja somente apoiado em armas. Essa transição da fragilidade para a força política é o grande mérito de uma revolução. Por isso, mesmo considerando como louvável a causa de uma revolução, no caso de nossa análise, a erradicação da corrupção não é o bastante para que esse novo governo se conserve no poder. Após chegar ao poder, outro longo e duro trabalho deverá ser realizado para conservar ou ampliar a força política desse novo governo, para que ele consiga realizar as mudanças nas estruturas políticas.

Em *O príncipe,* Maquiavel expõe como a conquista de apoio deve ser o grande trabalho do novo governo, caracterizado por ele como o "novo príncipe". A principal e primeira tarefa do novo príncipe é estabelecer bases de sustentação fortes e consistentes para que possa exercer seu governo com segurança, sem o risco de uma deposição. Ainda mais se a revolução foi feita sem o auxílio de grandes parcelas da sociedade. Ao chegar ao poder, esse novo governante não pode se esquecer dos demais cidadãos e governar apenas em função de seu grupo. Se isso ocorrer, um grupo será alijado das decisões políticas e automaticamente passará à oposição. Conforme o tamanho dessa oposição, novamente haverá governos fragilizados, com risco de deposição.

Essa alternância entre força política e fragilidade política é uma constante em todos os governos. A corrupção se insere nesse movimento pendular como o impulsionador da mudança no sentido do enfraquecimento. Entretanto, quando esse enfraquecimento político do Estado chegar, alterações serão feitas no sentido de recobrar a força do regime, já que, em regra, regimes fracos não se sustentam por muito tempo, e novamente se abre a possibilidade de um novo ciclo político.

Ora, é em função dessa lógica que tanto Aristóteles como Maquiavel, entre outros, entenderam que há uma dinâmica própria no mundo da política, não existindo espaço para situações estáticas e estáveis. A mudança, o conflito político, a corrupção, enfim, todos os aspectos aqui expostos mostram quão instável é o mundo da política, quão fluidas são as condições políticas de um Estado. É por isso que fazer prognósticos políticos é uma tarefa arriscada e em geral equivocada, pois a cada instante as conformações políticas podem mudar, e o que era válido antes nesse novo momento talvez não mais o seja. É em razão desse dinamismo do mundo da política que Maquiavel defende a idéia segundo a qual uma das melhores qualidades de um governante é saber a ocasião para bem decidir, reconhecer o momento oportuno. O bom político cria a ocasião propícia para a decisão ou a reconhece quando ela surge, ou, como ele diz, quando a *fortuna* se apresenta. Trata-se de idéias e conceitos que, gostemos ou não, mantêm muito de sua validade no mundo da política atual.

9

O Brasil é corrupto?

Ao longo dessa exposição sobre a corrupção política não analisamos em detalhe a situação política brasileira, apesar de alguns exemplos que foram citados. Mas é tão comum no Brasil ouvir relatos de corrupção política que muitos acreditam que todos os políticos brasileiros são corruptos, e, por conseqüência, que a política é o lugar da corrupção, que isso não tem solução, que somos os campeões mundiais de corrupção etc. Falar o contrário é muito complicado, pois a todo instante surge um caso de corrupção em alguma cidade, em algum órgão público, quando não atinge o governo federal, a Câmara dos Deputados, o Senado da república. São tão numerosos e constantes esses casos que não passa uma semana sem que se noticie na grande imprensa algum escândalo. Ora, da enorme quantidade de casos de corrupção nasce a sensação de que esse é um comportamento político predominante no nosso país.

Mas, antes de decretar o estado de corrupção endêmica no Brasil, convém levarmos algumas coisas em consideração, para que não incorramos em um equívoco muito freqüente nos juízos apressados: tomar o que é particular como universal. Há uma regra da lógica clássica que serve até hoje para saber se um juízo ou raciocínio é falso: toda vez que se considera um evento particular como algo universal chega-se a uma conclusão equivocada. Mesmo que sejam alguns casos, não se deve universalizar o que não é de fato universal, pois basta que haja um único exemplo contrário para falsear a sentença "todos são corruptos". Esse princípio nos ajuda a evitar certos equívocos e formular juízos mais precisos sobre o mundo da política, para justamente fazer a famosa separação entre "o joio e o trigo". Se há corrupção, não se deve negá-la nem esquecê-la, ao contrário, devem-se exigir a apuração e a punição dos corruptos. Entretanto, o fato de haver um ou dois casos, ou mesmo alguns casos de corrupção, não significa que o Brasil se tornou totalmente corrupto. Esse simplismo de generalizar coisas que não pertencem ao todo é o que mais atrapalha na busca de uma sociedade mais justa e sem corrupção. O Brasil é um país grande e complexo, e, como vimos, a corrupção também não é facilmente identificável, exigindo reflexão e prudência, sem que isso implique passividade nem impunidade.

Relacionadas, ainda, a essas sentenças universais do tipo "todos são corruptos", há algumas que também fazem história no Brasil: a caracterização de certos grupos políticos como um clube de corruptos. Em geral os membros do partido *x* acusam todo e qualquer membro do partido *y* de ser corruptos, e vice-versa. Hostilizar adversários é uma prática universal em qualquer esfera humana, o ser humano é assim. Portanto, definir um adversário político como corrupto é um dos piores qualificativos que se podem atribuir a ele e, em geral, o mais usado por todos os políticos em qualquer país, em todos os tempos. Contudo, esse comportamento de bando, predominante em qualquer partido – é até mesmo por isso que partido é partido, ou seja, partido é um grupo de partidários de uma causa política que estão em oposição sobre determinado tema a outro grupo partidário, a outro partido –, não deve ser regra geral nem uma atitude a ser louvada. O mundo da política é muito mais sério do que o do futebol para nos comportarmos como se estivéssemos numa discussão de qual é o melhor ou o pior time. Política não se faz na base da torcida, como no futebol. Essa generalização de comportamentos partidários, segundo a qual todos daquele partido são corruptos, ou, o contrário, ninguém deste partido é corrupto porque o partido não permite, impede uma análise serena da corrupção e de suas possibilidades de manifestação.

Enfim, generalizações de qualquer tipo nunca são as melhores soluções, pois cada caso de corrupção política deve ser analisado individualmente. Pior ainda são as generalizações que ultrapassam a esfera política e adentram outros qualificativos como cor, religião, sexo, etnia etc. Quando se toma qualquer um desses critérios para falar de corrupção não se incorre em equívocos, mas num ato de preconceito, ou seja, numa grande injustiça e num crime, como prevê a Constituição brasileira. Talvez se possa perceber que há uma conexão entre os diversos casos de corrupção política, a ponto de revelar uma corrupção endêmica ou estrutural. Mas, se isso ocorrer, já podemos intuir quais serão as alternativas possíveis: fica-se passivo e deixa-se a corrupção solta; tenta-se combatê-la com os meios disponíveis; ou, quando a situação se torna insolúvel com os meios políticos existentes, faz-se uma revolução.

Falando de Brasil, convém perguntar se de fato a corrupção já está numa fase endêmica ou se ainda pode ser combatida e punida.

Depois do fim da ditadura militar, com as eleições indiretas de 1985 e a promulgação da Constituição em 1988, o Brasil passou a falar mais de corrupção do que antes. De fato, os grandes casos de corrupção, os grandes escândalos, afloraram depois desse período, entre outros fatores por três grandes motivos: maior liberdade de impressa, que pode denunciar os casos de corrupção sem a ingerência dos governos; atuação mais forte dos promotores de Justiça do Ministério Público, que passaram a ter maiores atribuições; e, principalmente, uma maior participação política da população, que, com a redemocratização, passou a ficar mais atenta ao mundo político, exigindo maior transparência nas decisões. Particularmente esse último aspecto foi uma das grandes causas para as inúmeras CPIs (Comissões Parlamentares de Inquérito) que foram instaladas para a investigação dos casos de corrupção política. A pressão do povo, que se percebia livre para poder interferir no mundo da política, recaiu sobre a classe política, que foi obrigada a investigar e apurar os casos de corrupção.

A proliferação de casos de corrupção foi conseqüência, pois, da maior fiscalização sobre os agentes públicos. Isso não significa que não havia corrupção antes de 1988 ou que no período da ditadura militar não houve corrupção. Talvez até tenha ocorrido mais do que agora, mas sobre isso não se tinha notícia porque não havia uma impressa livre para fiscalizar, vereadores e deputados com liberdade para investigar, e o povo estava alijado do processo decisório do país. Nas duas décadas de ditadura dos militares, o combate à corrupção ficava a cargo de um governo que não fora eleito pelo povo e, por isso, tinha a todo instante de propagandear que era um símbolo de honestidade e justiça. Qualquer notificação de casos de corrupção poderia abalar essa imagem que deveria ser projetada em nome da segurança política de um governo sem legitimidade. Se hoje há mais casos de corrupção, mais CPIs, mais cassação de mandatos de políticos é porque há maior apuração, maior fiscalização, maior publicidade disso, coisa que não ocorreu entre 1964 e 1985.

Então, esses inúmeros casos de corrupção que proliferam pelo noticiário, mais do que provocar uma falsa sensação de corrupção generalizada, devem ser vistos como efeito de uma maior fiscalização da sociedade sobre os agentes públicos, ou seja, como sinal de vitalidade política. Como já foi dito, sempre houve, há e haverá corrupção política necessariamente em todos os Estados. A questão é saber o que uma sociedade faz diante desses casos.

Porém, se não podemos dizer que há uma corrupção estrutural no Brasil em decorrência dos inúmeros casos denunciados, mas que isso é antes sinal da disposição de fiscalização de nossa sociedade, alguns eventos nos devem deixar alertas para certos problemas graves. Talvez estejamos encarando como um hábito político normal algo profundamente perverso.

Na metade do primeiro mandato do presidente Lula, explodiu um caso grave de corrupção política que ficou conhecido como o "escândalo do mensalão". A partir das declarações do deputado Roberto Jefferson, então líder de um partido aliado do governo e também implicado no escândalo (muitas vezes apontado como um personagem central), ficou-se sabendo que havia um grande esquema de arrecadação de dinheiro que era transferido aos parlamentares conforme eles votassem a favor dos projetos governistas. Não vou aqui recuperar e analisar esse fato, mas gostaria de chamar atenção para algumas revelações do deputado sobre o modo como estava funcionando a política do país.

Numa primeira entrevista ao jornal *Folha de S.Paulo*, o deputado chama atenção para o fato de haver um grande esquema de pagamento de "mesadas" aos parlamentares por parte do governo. Em uma segunda reportagem (de 6/6/2005), veiculada algumas semanas depois, ele expôs a lógica que regia essa atitude corrupta. Se as falas de Roberto Jefferson foram verdadeiras ou não, muito se discute, bem como sua vinculação a tudo isso. Contudo, é inegável que o modo como se estruturavam as relações políticas, ao que parece, já vinha de longa data, ou seja, de governos anteriores ao do presidente Lula. O que nos importa, além dos nomes e dos personagens, é entender aquilo que acreditamos ser um exemplo de corrupção estrutural, que funcionava independentemente dos seus personagens, de uma lógica de corrupção política institucionalizada.

O esquema todo funcionava da seguinte maneira: todos os presidentes eleitos depois de 1985 assumiam seu mandato sem maioria no Congresso, seja na Câmara de Deputados, seja no Senado. Sem a maioria, qualquer chefe do Executivo tem inúmeras dificuldades de governar, pois o nosso sistema político exige uma série de regulamentações legislativas para que o Poder Executivo possa agir. Para governar, o chefe do Executivo, seja ele o presidente, o governador ou o prefeito, deve mandar inúmeras leis, decretos e regulamentações ao Legislativo para que este os aprove e permita sua ação executiva (com o perdão da redundância). Ora, se não tiver apoio no Parlamento, um chefe do Executivo tem muita dificuldade em aprovar essas leis e decretos, logo, pouca liberdade de ação. Para resolver isso não há outro caminho senão negociar com os parlamentares e tentar conquistar o apoio deles. No limite, foi isso que motivou o mensalão: o governo federal procurou pagar pelo apoio de congressistas para ver os seus projetos aprovados e com isso ter maior liberdade de ação.

Um primeiro aspecto a destacar está no espírito pouco democrático e republicano tanto da parte do governo quanto da parte dos congressistas envolvidos. Se a população decidiu eleger um presidente de um partido x e inúmeros outros parlamentares de partidos contrários, esse fato, bom ou ruim, deve ser respeitado. Portanto, tanto o governo como os congressistas deveriam cumprir a sua parte e defender os interesses pelos quais foram eleitos. Essa é a regra da democracia.

Também seria legítimo um governo tentar buscar apoio e atrair para a sua base deputados e senadores adversários. Todavia, isso não poderia nem pode ser feito por mecanismos de suborno, por compra, mas pelo convencimento argumentativo ou pela pressão popular, que são os meios adequados nas democracias contemporâneas. Ao tentar comprar apoio, o governo demonstrou fraqueza política e nenhum respeito pelo dinheiro público pelo qual estava incumbido de zelar. Os deputados também se tornaram culpados, pois não foram eleitos para se vender.

Um segundo aspecto, e mais grave que o primeiro, foi o fato de a estrutura ou o esquema de corrupção não ter sido desmontados por completo. A denúncia do deputado Roberto Jefferson se apoiou na premissa de que havia um esquema para nomeações para cargos-chave montado no interior do governo federal, cujos ocupantes estariam incumbidos pelos respectivos partidos de desviar recursos para o financiamento das campanhas políticas. Então, além do caso concreto de desvio do dinheiro público feito por esses funcionários indicados pelos partidos, está em questão a própria escolha desses nomes. Essas pessoas, conforme a denúncia, já eram indicadas para cumprir essa tarefa de desviar recursos e beneficiar os partidos, quisessem ou não. Elas não eram escolhidas por sua capacidade técnica ou gerencial, por sua habilidade nesta ou naquela especialidade. Eram colocadas lá para realizar um ato de corrupção, pois essa era a lógica da nomeação política. O estrutural era esse grande esquema de nomeações para cargos no governo, que, de um lado, garantia à Presidência da República apoio político dos partidos e, de outro, permitia aos partidos se beneficiar desses cargos para conseguir recursos para as suas campanhas. Nunca é demais lembrar que, ao todo, havia e ainda há mais de 20 mil cargos públicos em comissão (ou seja, nomeados) na administração federal.

O importante do "escândalo do mensalão" não foi a constatação de que havia corrupção no governo federal, mas que ela era estrutural, que estava inserida na lógica da ação política do governo. E, o pior de tudo, que chama muito a atenção, é o fato de que essa lógica de ação política não foi alterada. Ao personificar em algumas pessoas a responsabilidade pela corrupção, demitindo-as ou cassando o seu mandato, atribuiu-se a indivíduos algo que está na estrutura da instituição política. Esse caso retrata muito bem aquilo que dissemos sobre corrupção da matéria e corrupção da forma. A saída de pessoas reconhecidamente corruptas do governo e do Congresso Nacional não significou o fim desse tipo de prática, pois a lógica de ação, o mecanismo que leva à corrupção, se manteve. Mais do que culpar esses indivíduos, era necessário quebrar o esquema, estabelecendo medidas que mudassem as relações entre partidos e governos, regulando as nomeações dos cargos públicos.

Poder-se-ia aqui tratar de outros casos notórios de corrupção em que se puniram indivíduos e não se atacaram os mecanismos que levam à corrupção institucional. Ao se concentrar apenas nas pessoas e não perceber que há algo maior e mais complexo, revela-se o raciocínio simplista de fazer da moral pessoal, ou da falta dela, a grande responsável pela corrupção. Para além da moralidade individual existem estruturas de ação que permitem ou mesmo fazem que os agentes públicos cometam atos corruptos. Mudar os peões do tabuleiro não altera a lógica do jogo.

Um dos pontos centrais da nossa análise é que a corrupção não deve estar focada nos indivíduos e na sua falta de moralidade. É ilusão crer que, quando a corrupção tem sua origem numa pessoa, basta extirpá-la do corpo político para acabar com a corrupção. Ao tratar de corrupção política devemos ficar atentos a suas verdadeiras causas, aos mecanismos que levam a esse estado de coisas. Mais do que identificar o corrupto, importa identificar os mecanismos que levam à corrupção, pois esses sim é que devem ser extirpados. A corrupção institucional, ao indicar a presença de uma lógica de ação corrupta consolidada no interior da máquina estatal, exige nossa atenção e ações contundentes e enérgicas.

Retornando à pergunta que dá título a este capítulo, o Brasil é um país corrupto? Diria que sim, pois há muita corrupção política neste imenso país, mas digo também que há ainda disposição para combatê-la. E sobre esse último aspecto talvez fosse melhor não ficarmos atentos apenas aos indivíduos corruptos, a parte visível do processo, mas olhar para algo que está além, que não é tão palpável, porém é muito mais poderoso, que são os mecanismos que permitem ou que incitam a corrupção. Nesse sentido, toda vez que ouvirmos falar de um caso de corrupção, é bom lembrar que, se houve a notícia, é porque não há uma acomodação geral diante do problema. Mas isso só não basta! Cumpre verificar o que estava por trás desse ato, permitindo-o ou favorecendo-o. Quem sabe ali, nisto que está para além do nome de João ou Maria, não esteja o verdadeiro ninho de serpentes de onde brota tudo.

Uma vez feita essa análise, cumpre lembrar, ainda, que o melhor remédio para a corrupção, prescrito desde a Antiguidade, é a participação política, o envolvimento com a *res publica*, com as coisas públicas, com aquilo que diz respeito a todos nós. Em sociedades que esquecem a esfera pública, o terreno já está preparado para a proliferação de casos de corrupção. Ao contrário, naquelas onde os indivíduos têm consciência de que devem tomar parte na esfera da vida que ultrapassa o *eu*, fazendo dela um *nós*, a corrupção e os corruptos correm sérios riscos. Não inventaram ainda nenhum remédio melhor do que o exercício da cidadania para dar conta das doenças políticas.

Ensaiando leituras

Texto 1: Platão e a teoria da corrupção das formas políticas

Platão, no livro VIII da *República*, põe-se a analisar cada uma das formas particulares de governo e como elas podem se transformar em outra forma particular de governo. Nos trechos a seguir fica claro como esse processo de mudança ou corrupção dos regimes políticos está associado à perda ou à conquista de uma certa virtude política.

> Vamos lá então tentar dizer de que maneira a timocracia se originou da aristocracia. É simples de ver que toda constituição muda por virtude daquele mesmo que detém o poder, quando a sedição se origina no seu seio. E que, quando está de acordo consigo mesma, por pequena que seja, é impossível abalá-la? [545d]
> [...]
> É difícil abalar um Estado constituído deste modo.

Todavia, como tudo o que nasce está sujeito à corrupção, nem uma constituição como essa permanecerá para sempre, mas há-de dissolver-se. A sua dissolução será do seguinte modo: não só para as plantas da terra, mas também para os animais que sobre ela vivem, há períodos de fecundidade e de esterilidade de alma e de corpo, quando uma revolução completa fecha para cada espécie os limites dos seus círculos, que são curtos para os que têm a vida breve, e longos para os que a têm dilatada. [546a]

(Platão. *República*. Trad. Maria Helena Pereira. Lisboa: Fundação Calouste Gulbenkian, 1993)

Texto 2: Aristóteles e as causas da corrupção dos regimes

Após ter analisado cada uma das formas particulares de governo no livro III da *Política* e no livro IV dissertado sobre a melhor de todas as formas de governo, o regime misto, no livro V Aristóteles dedica-se à análise da corrupção. Os trechos a seguir apresentam algumas de suas idéias principais.

Em todo caso, a desigualdade é a causa da revolta, a menos que as relações de desigualdade sejam proporcionais (um poder régio vitalício implica uma desigualdade, se é exercido entre iguais), porque em geral na busca sobre a igualdade descobrimos as revoltas. (1301b25-30)

Entre todas estas causas é evidente que o excesso e a ambição de bens materiais são a principal origem das revoltas políticas. Com efeito, muitas vezes, elas nascem devido à prepotência dos magistrados que abusam dos cargos e por ser demasiado ambiciosos, sublevando-se uns contra os outros, ou contra o regime que lhes concedeu a autoridade. Na verdade, a ambição desmedida dos magistrados deriva algumas vezes das riquezas privadas, outras do erário. (1302b5-10)

(Aristóteles. *Política* – tradução nossa a partir da edição italiana *Politica* [edição bilíngüe], Milão: Rizzoli, 2003)

Texto 3: Políbio e a anacyclosis

O historiador grego Políbio de Megalópolis, no livro VI das suas *Histórias*, apresenta uma teoria para a mudança das formas de governo que virou modelo para muitos filósofos posteriores. Essa teoria, também conhecida como *teoria da anacyclosis*, descreve um ciclo de mudanças dos regimes políticos de modo incessante e obedecendo a uma lógica natural irresistível. Por essa teoria, todos os regimes sofrerão corrupção necessariamente e ao fim haverá um ciclo ou círculo de mudanças inscrito na natureza do mundo político.

> Por isso se deve dizer que existem seis gêneros de constituições: os três dos quais todos falam e que foram nomeados anteriormente (monarquia, aristocracia, democracia) e os três naturalmente relacionados a esses, isto é, a tirania, a oligarquia e a oclocracia. A primeira a se formar, naturalmente e não por criação artificial, foi a monarquia, à qual segue e da qual se gera, através de elaboração e melhoramento dela, a realeza. Transformando-se esta última numa forma negativa que lhe é naturalmente relacionada, isto é a tirania, da qual nasce a aristocracia. Quando esta, conforme a natureza, se degenera em oligarquia e a maioria, tomada pela ira, pune as injustiças dos chefes, nasce a democracia. Em seguida, da prevaricação e da ilegalidade desta última, novamente, com o tempo se produz a oclocracia, ou anarquia. Poder-se-á compreender com a máxima clareza que tudo que até agora se disse a este propósito é verdadeiro, analisando-se o início, a gênese e as mudanças naturais dessas formas de governo. Somente quem compreende, de fato, como elas nascem poderá compreender também quando, como e onde algo de novo se desenvolverá, conhecerá o ápice, quando se corromperá e morrerá. (*História*, livro VI, cap. 4)

Esse é o ciclo pelo qual passam as constituições, o curso natural de suas transformações, de seu desaparecimento e de seu retorno ao ponto de partida. Quem distinguir nitidamente esse ciclo poderá, falando do futuro de qualquer forma de governo, enganar-se em sua estimativa da duração do processo, mas se seu juízo não for afetado pela animosidade ou pelo despeito dificilmente se equivocará quanto ao seu estágio de crescimento ou declínio e quanto à forma que resultará desse processo. (*História*, livro VI, cap. 9)

(Políbio, *Histórias* – tradução nossa a partir da edição italiana *Storie* [bilíngüe], Milão: Rizzoli, 2002)

Texto 4: Maquiavel e a corrupção republicana

O filósofo Nicolau Maquiavel dedicou uma parte de seu *Discursos sobre a primeira década de Tito Lívio* à análise da corrupção nas repúblicas. Após ter apresentado sua teoria das repúblicas, ele dedica três capítulos à corrupção política. Sua análise mostra que a corrupção vai num crescendo, começando pelo povo (matéria), depois atingindo as instituições ou ordenamentos políticos (forma), chegando ao grau máximo de corrupção (a cidade corrompidíssima). Nesse momento não resta alternativa a não ser instaurar um novo regime que busque reordenar politicamente a cidade, e, no caso, a melhor solução é a instalação de uma monarquia ou regime régio.

E esse é o círculo segundo o qual girando todas as repúblicas se governaram e governam, mas raras vezes retornam aos mesmos governos, porque quase nenhuma república pode ter tanta vida que consiga passar muitas vezes por tais mutações e continuar em pé. Mas muitas vezes ocorre que passando uma república por tais governos, faltando-lhe sempre conselho e forças, acaba ela por tornar-se súdita de algum estado vizinho que seja mais bem ordenado que ela: mas, supondo-se que isso não ocorresse, seria uma república capaz de girar infinitas vezes por esses governos. (*Discursos*, livro I, cap. 2)

Não creio que seja fora de propósito e nem deixe de conformar-se ao discurso supracitado considerar se numa cidade corrompida é possível manter um estado livre que já exista ou, se não existir, ordenar um. [...] E pressuporei uma cidade corrompidíssima, na qual acrescentarei tal dificuldade, porque não se encontram nem leis nem ordenamentos que bastam para frear uma corrupção generalizada. Porque, assim como os bons costumes precisam de leis para manter-se, também as leis, para ser observadas, precisam de bons costumes. Além disso, os ordenamentos e as leis criadas numa república no seu nascimento, quando os homens ainda eram bons, mais tarde deixam de convir, quando eles se tornaram malvados. E, embora as leis de uma cidade variem segundo os acontecimentos, os ordenamentos nunca ou raramente variam: isso faz que as novas leis não vigorem, porque os ordenamentos que estão firmes as corrompem. [*Discursos*, livro I, cap. 18]

De todas as sobreditas coisas nasce a dificuldade ou a impossibilidade que existe, nas cidades corrompidas, de manter-se ou fundar uma república. Mas, em se precisando criar ou manter uma, seria necessário, antes, reduzi-la ao estado régio do que ao estado popular. (*Discursos*, livro I, cap. 18)

(Maquiavel, Nicolau. *Discursos sobre a primeira década de Tito Lívio* – tradução nossa a partir da edição italiana *Discorsi sopra la prima deca di Tito Livio*, [edizione Inglese] Milão: Rizzoli, 1994)

Texto 5: Rousseau e a corrupção dos Estados

Na mesma linha que os filósofos já citados, Jean-Jacques Rousseau entende o Estado como um corpo político que ruma para a corrupção se nada for feito em contrário. No *Contrato social*, após tratar de como se ordena o Estado e das três partes do poder, o Executivo, o Legislativo e Judiciário, ele mostra como pode ocorrer a corrupção nesse Estado.

Tal é o pendor natural e inevitável dos governos mais bem constituídos. Se Esparta e Roma pereceram, qual Estado pode esperar sempre durar? Se desejamos formar um estabelecimento durável, não sonhemos então em torná-lo eterno. Para alcançar sucesso, é necessário não tentar o impossível, nem pretender dar à obra dos homens uma solidez que as coisas humanas não comportam.

O corpo político, assim como o corpo humano, começa a morrer desde seu nascimento e porta consigo as causas de sua destruição. Mas um e outro podem ter uma constituição mais ou menos robusta e adequada a conservá-lo mais ou menos tempo. A constituição do homem é a obra da natureza; a do Estado é obra da arte. Não depende dos homens prolongar a do Estado tanto quanto possível, dando-lhe a melhor constituição que possa ter. O mais bem constituído findará, mas mais tarde que um outro, se nenhum acidente imprevisto provocar sua perda antes do tempo. (*Do contrato social*, livro III, cap. XI)

(Jean-Jacques Rousseau. *Do contrato social* – tradução nossa a partir da edição francesa *Du contrat social*, Paris: Pleiade, 1969)

Texto 6: Montesquieu e as leis contra a corrupção

Na sua obra *O espírito das leis*, Montesquieu (Charles de Secondat Montesquieu, barão de Montesquieu) elabora um grande tratado sobre as estruturas fundamentais do Estado e da política. Nesse grande percurso teórico ele dedica um dos seus vinte livros à corrupção, o livro VIII. A obra, escrita sob a forma de máximas ou princípios e em seguida exemplificada com fatos históricos, é até hoje um marco do pensamento político e seu estilo, um modelo do gênero dos tratados.

> A corrupção de cada governo começa quase sempre pela corrupção de seus princípios. (cap. I)

> O princípio da democracia corrompe-se não somente quando se perde o espírito da igualdade, mas também quando se adquire o espírito de igualdade extremo e cada um quer ser igual àqueles que escolhe para comandá-lo. A partir desse momento, o povo, não podendo suportar o próprio poder que delegou, quer fazer tudo sozinho, deliberar pelo Senado, executar pelos magistrados e despojar todos os juízes. (cap. II)

> A aristocracia corrompe-se quando o poder dos nobres se torna arbitrário; não mais pode haver virtude nos que governam nem naqueles que são governados. (cap. V)

> Uma vez que os princípios do governo foram corrompidos, as melhores leis tornam-se más e se voltam contra o Estado; quando os princípios estão sãos, as más leis têm o efeito das boas; a força do princípio carrega tudo. (cap. IX)

É da natureza da república que ela só possua um pequeno território; sem isso não pode subsistir. Numa república grande, existem grandes fortunas e conseqüentemente pouca moderação nos espíritos; existem depósitos muito grandes para colocar entre as mãos de um cidadão; os interesses particularizam-se; um homem sente, primeiro, que pode ser feliz, grande, glorioso, sem sua pátria; e, logo, que pode ser o único grande sobre as ruínas de sua pátria.

Numa república grande, o bem comum é sacrificado em prol de mil considerações, está subordinado a exceções, depende de acidentes. Numa república pequena, o bem público é mais bem sentido, mais bem conhecido, mais próximo de cada cidadão; os abusos são menores e, conseqüentemente, menos protegidos. (cap. XVI)

(Montesquieu. *O espírito das leis*, trad. Cristina Murachco. São Paulo: Martins Fontes, 2000)

Bibliografia

Sobre a corrupção, além de ler o jornal de todos os dias na sua seção de política ou de crimes policiais, convém ler também:

• **Textos filosóficos de referência**

AGOSTINHO. *A Cidade de Deus*. Lisboa: Fundação Calouste Gulbenkian, 1991.

ARISTÓTELES. *Política*. [edição bilíngüe] Trad. Antônio C. Amaral e Carlos C. Gomes. Lisboa: Vega, 1998 (livros IV e V).

CÍCERO, Marco Túlio. *Da República*. São Paulo: Edipro, 1995.

LOCKE, John. *O Segundo tratado sobre o governo civil*. São Paulo: Martins Fontes, 2005.

MAQUIAVEL, Nicolau. *Discursos sobre a primeira década de Tito Lívio*. São Paulo: Martins Fontes, 2007 (Livro I, caps. 1-18).

———. *O príncipe*. São Paulo: Hedra, 2007.

MONTESQUIEU, Charles Louis de. *O espírito das leis*. São Paulo: Martins Fontes, 2005.

PLATÃO. *A República*. Trad. Maria Helena da R. Pereira. Lisboa: Fundação Calouste Gulbenkian, 1993 (livro VIII).

POLÍBIO. *Histórias*. Madri: Gredos, 1997 (ivro VI).

ROUSSEAU, Jean Jacques. *O contrato social*. São Paulo: Martins Fontes, 2006 (Livro III).

TOMÁS DE AQUINO. *Escritos políticos de Santo Tomás de Aquino*. Petrópolis: Vozes, 1997.

• Textos de comentadores

BACCELLI, Luca. *Critica del republicanesimo*. Bari: Laterza, 2003.

BARKER, E. S. *Teoria política grega*. Brasília: Ed. Universidade de Brasília, 1978.

BARON, Hans. *The crisis of the early Italian Renaissance*. Princeton: Princeton University Press, 1989.

BIGNOTTO, Newton (org). *Pensar a república*. Belo Horizonte: Ed. UFMG, 2000.

BIGNOTTO, Newton. *Maquiavel republicano*. São Paulo: Loyola, 1991.

BOBBIO, N. *A teoria das formas de governo*. Brasília: Ed. Universidade de Brasília, 1976.

BOCK, G., SKINNER, Q. & VIROLI, M. *Machiavelli and republicanism*. Cambrigde: Cambrigde University Press, 1990.

CALDEIRA, Teresa. *Cidade de muro*. São Paulo: 34 letras, 2003.

CARDOSO, Sérgio (org). *Retorno ao republicanismo*. Belo Horizonte: Ed. UFMG, 2004.

CASSIRER, Ernst. *O mito do Estado*. Rio de Janeiro: Zahar editores, 1976.

GARIN, Eugênio. *Ciência e vida civil no Renascimento italiano*. São Paulo: Ed. Unesp, 1996.

GIBBON, Edward. *Declínio e queda do Império Romano*. São Paulo: Companhia das Letras, 2005.

GILBERT, Felix. *Machiavelli il suo tempo*. Bolonha: Il Mulino, 1977.

HALE, John. *A Europa durante o Renascimento (1480-1520)*. Lisboa: Editorial Presença, 1971.

OVEJERO, F., MARTÍ, J. & GARGARELLA, R. *Nuevas ideas republicanas. Autogobierno y libertad*. Barcelona: Paidós, 2004.

PETTIT, Philip. *Republicanismo*. Barcelona: Paidós, 2002.

POCOCK, J. G. A. *Il momento machiavelliano*. Bolonha: Il Mulino, 1980.

SASSO, Gennaro. *Niccolo Machiavelli, storia del suo pensiero politico*. Bolonha: Il Mulino, 1980.

WALBANK F. W. *A historical commentary on Polybius*. Oxford: Oxford University Press, 1970.

WOLFF, Francis. *Aristóteles e a política*. São Paulo: Discurso Editorial, 2001.